RÉPUBLIQUE FRANÇAISE.

MINISTÈRE DU TRAVAIL ET DE LA PRÉVOYANCE SOCIALE.

CONSEIL SUPÉRIEUR DU TRAVAIL.

LES DÉCRETS DU 10 AOÛT 1899 SUR LES ADJUDICATIONS.

RAPPORT DE M. HONORÉ,

AU NOM DE LA COMMISSION PERMANENTE,

PRÉCÉDÉ D'UNE NOTE DE M. A. KEUFER.

PROCÈS-VERBAUX ET DOCUMENTS.

PARIS.
IMPRIMERIE NATIONALE.

1908.

RÉPUBLIQUE FRANÇAISE.

MINISTÈRE DU TRAVAIL ET DE LA PRÉVOYANCE SOCIALE.

CONSEIL SUPÉRIEUR DU TRAVAIL.

LES DÉCRETS DU 10 AOÛT 1899 SUR LES ADJUDICATIONS.

RAPPORT DE M. HONORÉ,

AU NOM DE LA COMMISSION PERMANENTE,

PRÉCÉDÉ D'UNE NOTE DE M. A. KEUFER.

PROCÈS-VERBAUX ET DOCUMENTS.

PARIS.
IMPRIMERIE NATIONALE.

1908.

NOTE

RELATIVE À LA MODIFICATION DES DÉCRETS DU 10 AOÛT 1899 VISANT LES ADJUDICATIONS

SOUMISE À LA COMMISSION PERMANENTE

PAR M. A. KEUFER.

Le système des adjudications établi en vue de provoquer la concurrence et par suite d'obtenir à des conditions plus avantageuses pour les finances publiques l'exécution des travaux de l'État, des départements ou des communes, a été réglé par les ordonnances de 1836 et de 1837.

Depuis cette époque, l'expérience a permis d'apprécier si le but poursuivi avait été atteint, s'il y avait réellement économie et si les travaux administratifs exécutés par voie d'adjudication offraient les garanties désirables, tant au point de vue de la qualité des fournitures que des conditions de travail imposées aux ouvriers.

Les prévarications commises par les entrepreneurs de travaux administratifs, les nombreux abus dont se plaignaient les ouvriers, le mécontentement général né de la concurrence ruineuse à laquelle se livraient les industriels devenus les fournisseurs des administrations, le sabottage des matériaux pratiqué pour couvrir le préjudice subi par suite de trop forts rabais, telles sont les raisons qui ont conduit le Conseil supérieur du travail à examiner, au cours de deux sessions (1896-1897) quels remèdes pourraient être apportés aux conséquences de ce vicieux système des adjudications, tout au moins en ce qui concerne le préjudice qu'il fait subir aux ouvriers.

Les discussions du Conseil supérieur du travail, extrêmement intéressantes par la diversité des opinions qui y ont été exposées, se sont terminées par l'adoption des vœux suivants :

Le Conseil supérieur du travail émet le vœu que les décrets et ordonnances concernant les adjudications des travaux publics soient modifiés en vue d'introduire dans les cahiers des charges les clauses suivantes relatives aux conditions du travail :

1° Obligation pour l'entrepreneur de se conformer au taux des salaires et à la durée du travail considérés comme normaux et courants dans la ville ou la région où le travail est exécuté et fixés dans le cahier des charges. Les conditions de salaire et de durée du travail seront constatées par les administrations intéressées qui devront s'entourer de tous les renseignements nécessaires et prendre l'avis de commissions mixtes composées, en nombre égal, de patrons et d'ouvriers.

Le Conseil émet le vœu que les pouvoirs publics et la législation secondent, par tous les moyens, le développement des associations professionnelles auxquelles il appartient de déterminer les conditions du travail par l'accord des patrons et des ouvriers.

L'Administration pourra, à n'importe quel moment de l'exécution des travaux, réglementer le nombre d'étrangers qui pourront y être occupés, et cela dans la mesure qu'elle jugera utile et nécessaire.

2° Repos hebdomadaire.

3° Assurance des ouvriers contre les accidents du travail à la charge des patrons.

La violation de ces conditions devra, selon les circonstances, donner lieu, sous les garanties des clauses et conditions générales des cahiers des charges :
Soit à la retenue de tout ou partie du cautionnement et, s'il y a lieu, à l'amende;
Soit à la résiliation du contrat ou à la mise en régie des travaux à exécuter;
Soit à l'élimination du délinquant des adjudications de même nature dans le même département.
L'introduction de ces clauses sera obligatoire dans les cahiers des charges des travaux de l'État et des départements. Elle sera facultative pour les travaux des communes et de ceux des établissements publics dont les adjudications sont actuellement soumises aux règles de l'ordonnance du 14 novembre 1837.

Si ces vœux, pour entrer dans le domaine de la pratique, avaient dû suivre la voie parlementaire, il est permis de croire qu'ils seraient restés longtemps lettre morte.

C'est le mérite de M. Millerand, alors Ministre du commerce, d'avoir compris qu'il valait mieux employer le moyen des décrets, plus expéditif que le vote d'une loi.

Il est vraisemblable que c'est après s'être inspiré des arguments produits au cours de la discussion, à laquelle M. Millerand a d'ailleurs pris part, qu'il s'est décidé à élaborer et à faire entrer dans la pratique les décrets promulgués le 10 août 1899.

Voici la teneur du décret concernant les travaux exécutés pour le compte de l'État :

DÉCRET sur les conditions du travail dans les marchés passés au nom de l'État.

Le Président de la République française,

Sur le rapport du Ministre des Finances et du Ministre du Commerce, de l'Industrie, des Postes et des Télégraphes,

Vu la loi du 31 janvier 1833, en son article 12 : « Une ordonnance royale règlera les formalités à suivre à l'avenir dans tous les marchés passés au nom de l'État »;

Vu le décret du 17 novembre 1882, relatif aux adjudications et aux marchés passés au nom de l'État;

Le Conseil d'État entendu,

Décrète :

Article premier. — Les cahiers des charges des marchés de travaux publics ou de fournitures passés au nom de l'État, par adjudication ou de gré à gré, devront contenir des clauses par lesquelles l'entrepreneur s'engagera à observer les conditions suivantes en ce qui concerne la main-d'œuvre de ces travaux ou fournitures, dans les chantiers ou ateliers organisés ou fonctionnant en vue de l'exécution du marché;

1° Assurer aux ouvriers et employés un jour de repos par semaine;

2° N'employer d'ouvriers étrangers que dans une proportion fixée par l'administration selon la nature des travaux et la région où ils sont exécutés;

3° Payer aux ouvriers un salaire normal égal, pour chaque profession et dans chaque profession pour chaque catégorie d'ouvriers, au taux couramment appliqué dans la ville ou la région où le travail est exécuté;

4° Limiter la durée du travail journalier à la durée normale du travail en usage, pour chaque catégorie, dans ladite ville ou région.

En cas de nécessité absolue, l'entrepreneur pourra, avec l'autorisation expresse et spéciale de l'administration, déroger aux clauses prévues aux paragraphes 1° et 4° du présent article. Les heures supplémentaires de travail ainsi faites par les ouvriers donneront lieu à une majoration de salaire dont le taux sera fixé par le cahier des charges.

Dans les cas prévus à l'article 18, paragraphes 3 et 5, du décret du 18 novembre 1882, l'insertion des clauses et conditions ci-dessus énoncées sera facultative.

Art. 2. — L'entrepreneur ne pourra céder à des sous-traitants aucune partie de son entreprise, à moins d'obtenir l'autorisation expresse de l'administration et sous la condition de rester personnellement responsable, tant envers l'administration que vis-à-vis des ouvriers et des tiers.

Une clause du cahier des charges rappellera l'interdiction du marchandage telle qu'elle résulte du décret du 2 mars 1848 et de l'arrêté du Gouvernement du 21 mars 1848.

Art. 3. — La constatation ou la vérification du taux normal et courant des salaires et de la durée normale et courante de la journée de travail sera faite par les soins de l'administration qui devra :

1° Se référer, autant que possible, aux accords entre les syndicats patronaux et ouvriers de la localité ou de la région ;

2° A défaut de cette entente, provoquer l'avis de commissions mixtes composées en nombre égal de patrons et d'ouvriers, et, en outre, se munir de tous renseignements utiles auprès des syndicats professionnels, conseils de prud'hommes, ingénieurs, architectes départementaux et communaux et autres personnes compétentes.

Les bordereaux résultant de cette constatation devront être joints à chaque cahier des charges, sauf dans les cas d'impossibilité matérielle. Ils seront affichés dans les chantiers ou ateliers où les travaux sont exécutés. Ils pourront être revisés, sur la demande des patrons ou des ouvriers, lorsque les variations dans le taux des salaires ou la durée du travail journalier auront reçu une application générale dans l'industrie en cause.

Cette revision sera faite dans les conditions indiquées sous les numéros 1° et 2° du présent article. Une revision correspondante des prix du marché pourra être réclamée par l'entrepreneur ou effectuée d'office par l'administration, quand les variations ainsi constatées dans le taux des salaires ou la durée du travail journalier dépasseront les limites déterminées par le cahier des charges.

Lorsque l'entrepreneur aura à employer des ouvriers que leurs aptitudes physiques mettent dans une condition d'infériorité notoire sur les ouvriers de la même catégorie, il pourra leur appliquer exceptionnellement un salaire inférieur au salaire normal. La proportion maxima de ces ouvriers par rapport au total des ouvriers de la catégorie et le maximum de la réduction possible de leurs salaires seront fixés par le cahier des charges.

Art. 4. — Le cahier des charges stipulera que l'administration, si elle constate une différence entre le salaire payé aux ouvriers et le salaire courant déterminé conformément à l'article précédent, indemnisera directement les ouvriers lésés au moyen de retenues opérées sur les sommes dues à l'entrepreneur et sur son cautionnement.

Art. 5. — Lorsque des infractions réitérées aux conditions du travail auront été relevées à la charge d'un entrepreneur, le ministre pourra, sans préjudice de l'application des sanctions habituelles prévues au cahier des charges, décider par voie de mesure générale, de l'exclure, pour un temps déterminé ou définitivement, des marchés de son département.

Art. 6. — Le Ministre des finances, le Ministre du commerce, de l'industrie, des postes et des télégraphes, et tous les autres ministres sont chargés, chacun en ce qui le concerne, de l'exécution du présent décret, qui sera publié au *Journal officiel* et au *Bulletin des lois*.

Fait à Rambouillet, le 10 août 1899.

ÉMILE LOUBET.

Pour le Président de la République :

Le Ministre des finances,
J. Caillaux.

Le Ministre du commerce, de l'industrie, des postes et des télégraphes,
A. Millerand.

Dans cette Note sommaire, il ne nous a pas paru nécessaire de reproduire le texte des décrets concernant les travaux exécutés pour le compte des départements, des communes et des établissements publics de bienfaisance.

Ils ne diffèrent du premier que par la substitution, à l'article 1er, du mot « *pourront* » aux mots « *devront* contenir des clauses » relatives aux conditions du travail, c'est-à-dire la substitution de la « faculté » à « l'obligation » qui est faite à l'État d'insérer des clauses relatives aux conditions de travail dans les cahiers des charges des travaux exécutés pour son propre compte.

Le texte reproduit ci-dessus permettra de s'inspirer des principales dispositions des décrets et du but qu'a voulu atteindre le Conseil supérieur du travail.

Par l'article 1er, les décrets établissent la démarcation entre les ouvriers appartenant à l'industrie libre et ceux occupés aux travaux administratifs; l'entrepreneur n'est engagé à observer les conditions relatives à la main-d'œuvre que pour les travaux exécutés dans les chantiers, ateliers organisés ou fonctionnant exclusivement en vue de l'exécution dudit marché, conclu avec l'État, le département ou la commune.

Le décret prévoit et assure aux ouvriers et employés :

1° Un jour de repos par semaine ;

2° La limitation du nombre des ouvriers étrangers.

Dès ce premier article, des objections sérieuses s'élèvent contre sa rigoureuse observation, contre les abus qui se commettent.

Nous savons que l'État, le département et la commune ne peuvent s'ériger en arbitre absolu des conditions générales de travail chez un patron adjudicataire des travaux administratifs; le ministre, le préfet, le maire, ne peuvent réclamer l'application des décrets que pour les travaux émanants de leurs services respectifs, que pour les ouvriers spécialement occupés sur lesdits travaux. Aucune administration ne peut s'immiscer dans la direction d'une industrie privée; le patron est libre d'organiser ses ateliers et de diriger ses travaux comme il l'entend, surtout lorsque les travaux obtenus par adjudication ne constituent qu'une partie de la main-d'œuvre qui lui est nécessaire. Il est libre encore de rétribuer comme il l'entend les ouvriers occupés chez lui pour l'exécution de fournitures destinées à l'industrie libre ; c'est à ces derniers de fixer leurs conditions de travail.

Le principe de la liberté est ainsi sauvegardé. Mais alors, le but que les pouvoirs publics ont voulu atteindre en promulgant les décrets est-il réalisé, surtout lorsque les travaux mis en adjudication ne sont pas assez considérables pour permettre d'installer des chantiers ou des ateliers spéciaux en vue de l'exécution exclusive du marché conclu avec l'État, le département ou la commune?

Et si l'adjudicataire, qui ne remplit pas d'ordinaire les conditions prévues par l'article 1er, s'engage à les appliquer pour obtenir le marché, les articles 4 et 5 donnent-ils la garantie nécessaire que l'engagement sera non seulement tenu, mais que les infractions seront réparées par le fait de la surveillance administrative ?

Les sanctions offrent-elles des garanties suffisantes pour assurer le respect des engagements pris par les adjudicataires et sauvegarder les intérêts des ouvriers que les décrets ont voulu protéger ?

Les faits sont venus démontrer le contraire. Nombre de patrons adjudicataires ont pu facilement prendre des engagements, mais l'impuissance ou d'autres raisons ont empêché les administrations de les faire respecter, malgré la netteté des instructions ministérielles.

Il nous est impossible de ne pas mentionner ici une cause réelle de la non-efficacité des décrets : c'est l'hostilité passive d'une partie des hauts fonctionnaires des grandes administrations, pour lesquels les décrets restent inappliqués. De nombreux travaux, notamment pour l'imprimerie, sont mis en adjudication sans considération pour les prescriptions insérées dans les décrets, ou sont confiés à l'imprimerie pénitentiaire de Melun.

Il serait injuste et téméraire de prétendre qu'une modification sérieuse, dans un régime administratif, puisse être appliquée tout d'une pièce, sans quelque hésitation ou tâtonnement. Il ne faut pas oublier non plus les difficultés qui surgissent lorsqu'il faut changer les habitudes prises ; mais ce qui a augmenté les difficultés d'application c'est l'indifférence ou l'hostilité administrative : les fonctionnaires, depuis les plus modestes jusqu'aux plus éminents, n'aiment pas être tourmentés dans l'exercice de leurs attributions respectives, la routine est surtout plus forte que la loi.

Examinons un peu comment les décrets du 10 août ont été appliqués, comment les instructions ministérielles ont été suivies.

En premier lieu, tous les fonctionnaires des différents ministères, chargés de faire exécuter les travaux de l'État, avaient pour devoir de s'inspirer des prescriptions formelles de l'article 1er du décret fixant les conditions à remplir en ce qui concerne la main-d'œuvre, conditions rendues obligatoires pour tous ceux qui deviendraient les adjudicataires des travaux ou fournitures exécutés pour le compte de l'État. Il n'y a pas d'exagération à affirmer que fort peu d'administrations ministérielles ont énuméré ces conditions dans leur cahier des charges.

Une fois l'énumération de ces conditions faite, il fallait en constater ou vérifier l'existence pour la ville ou la région où les travaux devraient s'exécuter par l'établissement de bordereaux justificatifs. L'article 3 du décret, très clairement développé par les instructions ministérielles (*Circulaire du 14 novembre 1899 et Instructions générales de 1901*), précise parfaitement que la constatation des salaires normaux ou courants, de la durée du travail journalier, le repos hebdomadaire, le nombre d'ouvriers étrangers ou d'une capacité moyenne, devra être faite par les soins de l'Administration. Pour cette opération importante, peuvent être consultés les accords conclus entre syndicats ouvriers et patronaux. Dans les localités ou régions où n'existent pas d'accords, des avis peuvent être demandés par l'Administration à des commissions mixtes composées en nombre égal de patrons et d'ouvriers, et enfin l'Administration est libre de se munir de tous renseignements utiles auprès des syndicats professionnels, conseils de prud'hommes, ingénieurs, architectes départementaux et communaux et autres personnes compétentes susceptibles de constituer une commission administrative. A la rigueur, et s'il y a eu impossibilité absolue de recourir à l'un ou l'autre de ces procédés de consultation, les administrations du génie, de l'artillerie, des ponts et chaussées ont établi des bordereaux susceptibles d'être utilement consultés par des travaux déterminés.

Cette énumération indique de quelle manière pratique l'Administration pouvait procéder à l'établissement des tarifs ou bordereaux à joindre aux cahiers des charges lorsque les travaux mis en adjudication doivent être exécutés en conformité des décrets du 10 août 1899.

Désireux de connaître dans quelle mesure les décrets avaient été appliqués, le Gouvernement adressait à tous les préfets, vers la fin de l'année 1901, une circulaire demandant à ces représentants du pouvoir central de faire connaître : 1° Les communes qui ont usé de la faculté que les décrets leur accordent et les difficultés qu'elles ont pu rencontrer; 2° Les clauses insérées dans les cahiers des charges des marchés départementaux à la suite de délibérations des conseils généraux, les difficultés d'application.

Dans le *Bulletin de l'Office du travail*, avril 1903, pages 297 à 303, les renseignements fournis par les préfets y sont analysés. En voici très sommairement indiqués les résultats pour l'*application des décrets aux travaux départementaux :*

1° Dans 3 départements, l'Administration intéressée à établi elle-même les bordereaux;

2° Dans 39 départements, une commission administrative a été instituée ;

3° Dans 19 départements, les commissions administratives, instituées par les préfets, ont provoqué l'avis de commissions mixtes, car il n'existait aucun accord entre les syndicats patronaux et ouvriers. Il résulte des appréciations préfectorales, que, la formation et le fonctionnement des commissions mixtes ont généralement, été aisés. Dans quelques départements cependant, il a été impossible de constituer ces commissions.

Voici maintenant, toujours d'après la même enquête, dans quelle mesure les clauses des décrets ont été insérées dans les cahiers des charges des travaux départementaux :

Dans 19 départements, les clauses, *en totalité* (art. 1er des décrets), ont été insérées dans les cahiers des charges des travaux départementaux à la suite d'un vote du Conseil général;

Dans 12 départements, les clauses ont été appliquées *en totalité* par les préfets après avis des commissions départementales statuant sur chaque marché;

Dans 3 départements, le Conseil général a laissé aux préfets le soin de décider l'insertion des clauses dans les cahiers des charges ;

Dans 15 départements, le Conseil général n'a accepté l'insertion que d'une partie des clauses dans les cahiers des charges;

Enfin, dans 8 départements, le Conseil général a pris une décision défavorable à l'insertion des clauses du décret;

Dans 13 départements, les préfets ont signalé l'insertion des clauses du décret dans les cahiers des charges des travaux vicinaux.

Application du décret aux travaux communaux. — Comme pour les travaux départementaux, le décret accorde la faculté aux communes d'insérer les clauses dans les cahiers des charges de leurs travaux. L'enquête indique que dans quatre départements les préfets n'acceptent les cahiers des charges des travaux communaux que s'ils contiennent les dispositions impératives du décret. Le Conseil général des Bouches-du-Rhône, d'autre part, a décidé de n'accorder de subvention, pour les travaux des communes, que si celles-ci appliquent pour leurs travaux les clauses dudit décret.

125 communes, comprises dans 46 départements, appliquent les clauses du décret; en plus, dans 6 départements, toutes les communes appliquent le décret. 20 communes les appliquent partiellement.

Les rapports des préfets sont unanimes à constater l'absence de difficultés au cours de l'application des clauses des décrets pour les travaux départementaux et communaux. Nous verrons à quoi il faut attribuer cette absence de difficultés.

La nomenclature qui précède laisse l'impression que l'application des décrets du 10 août s'est graduellement étendue et que ses dispositions essentielles sont appliquées. Malheureusement, il n'en est pas ainsi, qu'il s'agisse des travaux de l'État, des départements ou des communes.

Et un des obstacles les plus grands qui s'oppose d'une façon constante à ce que les décrets atteignent le but poursuivi, c'est l'impossibilité de contrôler l'exécution loyale, sincère, des clauses insérées dans le cahier des charges, consenties par les adjudicataires. Là est le point faible et tant qu'il n'y sera pas remédié, les décrets resteront une œuvre d'efficacité médiocre, d'utilité contestée et contestable.

Nous l'avons déjà indiqué au début de cette Note, l'État l'a déclaré d'une manière constante, les décrets ne sont applicables qu'aux travaux administratifs pour l'exécution desquels fonctionnent des chantiers, des ateliers spécialement affectés auxdits travaux.

Il se pose ici une question très grave qui vise l'interprétation et la portée des décrets; il importe au plus haut point que la Commission permanente, renseignée par la Direction du travail, se prononce d'une manière catégorique.

Les décrets visent-ils *exclusivement* les travaux de l'État, des départements et des communes pour l'exécution desquels sont organisés et fonctionnent exclusivement des ateliers ou usines? Les autres travaux de même origine, exécutés en commun avec des travaux de l'industrie privée, sans équipe spéciale, chez un même adjudicataire, sont-ils réellement exclus du bénéfice des décrets du 10 août 1899?

Si les décrets ne visent que les travaux compris dans la première catégorie, comme le prétendent un certain nombre de grands industriels, qui mènent campagne en vue d'obtenir une telle interprétation du Conseil d'État, les décrets perdent toute leur importance, nous pourrions dire leur utilité, car ils ne viseraient plus que les grands ateliers de l'État, les difficultés qui motivent la proposition que nous avons l'honneur de vous soumettre n'auraient plus la même gravité, et les décrets auraient une action très limitée, insignifiante.

Ou bien, contrairement à cette interprétation, les travaux administratifs exécutés en même temps que des travaux particuliers chez l'adjudicataire sont subordonnés aux prescriptions des décrets d'une portée alors beaucoup plus étendue; dans ce cas, cela est de toute évidence, le contrôle devient difficile sinon impossible, et par suite l'efficacité des dispositions protectrices des décrets semble tout à fait douteuse.

Si les partisans de la liberté veulent éviter l'immixtion des administrations dans la gestion des ateliers et usines, au point de vue des conditions établies pour le travail privé, il est tout aussi légitime de s'opposer à ce que des conditions défectueuses de travail appliquées aux travaux privés soient imposées aux mêmes ouvriers travaillant temporairement ou d'une façon permanente pour le compte de l'État, du département ou de la commune.

C'est ici où s'aperçoivent l'abus et les conséquences déplorables du défaut de contrôle. Cette lacune grave annihile complètement les prescriptions des décrets, et cela d'autant plus que les fonctionnaires des diverses administrations, on ne saurait trop le répéter, se désintéressent complètement, lorsqu'il n'y sont pas hostiles, de l'application des décrets.

Comment contrôler si les salaires fixés par un bordereau sont réellement payés par un adjudicataire, malgré l'engagement pris par lui, lorsqu'il occupe d'une manière constante, un personnel féminin, des demi-ouvriers, des apprentis, tous payés au-dessous du tarif, avec quelques hommes chefs d'équipe, eux-mêmes payés à peine au tarif? Les cas sont fréquents où de pareils engagements sont pris par des patrons qui ne respectent pas le tarif de main-d'œuvre, qui exigent de longues journées de leur personnel; nous aurons l'occasion de citer des exemples dans l'imprimerie malgré l'existence des tarifs locaux. Dans le bâtiment, les violations de tarif par les adjudicataires sont innombrables; dans la mécanique de précision, il en est de même. Les abus commis dans cette profession pour la fabrication des appareils de téléphone ont suggéré, au syndicat des ouvriers en instruments de précision, l'étude d'un moyen destiné à faire cesser ces abus : il a proposé la création d'un poste de contrôleur chargé spécialement de veiller à l'application des décrets. Cet agent aurait le droit de contrôler les livres et feuilles de paye, de demander tous renseignements relatifs aux conditions de travail.

Le même syndicat, par une heureuse initiative que devraient imiter les autres corporations, a demandé au Secrétariat des Postes et des Télégraphes de constituer une commission mixte qui aurait pour mission de constater le salaire normal et la durée journalière du travail.

Cette commission a fonctionné, elle a établi les conditions du travail qui sont la règle dans cette profession. Elles servent de base pour l'appréciation des salaires.

Les tribunaux ont eu à intervenir à propos de violation de tarifs et aussi à propos de l'emploi de petites mains payées au-dessous des prix établis.

Bien que les jugements prononcés ne visent que des cas d'espèce (1), ils n'en constituent pas moins des précédents dangereux et laissent la porte ouverte à de nouveaux abus, commis d'autant plus facilement en raison de l'absence de tout contrôle réel. L'arrêt du 17 juillet 1906 de la Cour de cassation relève que les décrets ne s'opposent pas à l'occupation d'apprentis et ne fixent pas la proportion du nombre qu'il est permis d'employer sur les travaux mis en adjudication. La porte est donc grande ouverte pour l'exploitation de la main-d'œuvre enfantine au détriment des ouvriers qui ne peuvent s'opposer à l'envahissement d'un atelier par des apprentis. Il en résulte un préjudice pour les enfants et pour les hommes.

---

(1) Affaire de la Société Houston et Cie, prescription d'une réclamation pour payement de supplément de salaires. — Affaire Clarot, arrêt de la Cour de cassation, 17 juillet 1906, qui autorise l'emploi des apprentis sur les travaux mis en adjudication.

Si l'absence de contrôle permet aux entrepreneurs civils devenus adjudicataires de violer les clauses insérées dans le cahier des charges, il arrive aussi que l'Administration elle-même ne montre pas un scrupule absolu à respecter ou à faire respecter les conditions normales de travail.

L'Union syndicale des ouvriers et ouvrières de la voiture avait signalé la violation du cahier des charges par un soumissionnaire en ce qui concerne les salaires. Cette Union en fit part à M. le Sous-secrétaire d'État des Postes et des Télégraphes, qui chargea M. le Préfet de la Seine d'examiner le bordereau de salaires de l'adjudicataire, à l'effet de constater s'ils étaient en conformité avec le taux normal appliqué par la ville de Paris pour des travaux de même nature.

M. le Préfet reconnaissant « que jusqu'alors l'Administration préfectorale n'avait pas eu l'occasion de faire une telle constatation pour ce genre de travaux », décida de constituer une commission mixte. Un arrêté fut pris dans ce sens. Cette commission se réunit en septembre et octobre 1907 et se mit d'accord pour constater les salaires et la durée du travail. Mais l'Administration a modifié le bordereau établi par la commission mixte et a ainsi provoqué la légitime protestation des ouvriers de la voiture, lésés dans leurs intérêts.

Les patrons ne sont donc pas seuls à ne pas respecter les clauses des cahiers des charges, l'Administration favorise, couvre cette violation, même lorsque les patrons et les ouvriers se sont mis d'accord.

Dans l'industrie du livre, qui nous a permis de faire de nombreuses observations, il nous a été donné de constater fréquemment combien les administrations de l'État, des départements et des communes se sont montrées réfractaires à l'application des décrets, ne favorisant en aucune façon le contrôle nécessaire.

Les réclamations ouvrières sont accueillies par des tergiversations constantes; l'opposition administrative est appuyée de vains prétextes, et finalement les prescriptions des décrets ne sont pas observées.

L'intervention incessante auprès des autorités et des élus a été souvent une cause de lassitude, la dignité a eu à en souffrir, et le mécontentement naissait devant la stérilité des efforts accomplis.

Et pourtant, un peu de bonne volonté de la part des pouvoirs publics pourrait faciliter l'application des décrets. Est-il donc impossible de former des commissions administratives ou même des commissions mixtes dans toutes les villes où l'application des décrets a été décidée?

Et l'avis des syndicats patronaux et ouvriers est-il si difficile à provoquer? Ne voit-on pas qu'il y aurait intérêt pour tous à ce que cette consultation fût aussi fréquente que possible?

La principale raison invoquée pour justifier cette opposition, et qui a une valeur apparente, c'est l'économie des deniers publics. De trop nombreux faits sont venus démontrer l'invraisemblance de cette raison, et les malversations de toute nature ont révélé la valeur de cette prétendue économie. Nous ne nous y arrêterons pas. Et enfin, des considérations de moralité sociale imposent aux diverses administrations le désir de traiter avec équité ceux qui travaillent pour elles. C'est du moins l'opinion que nous avons toujours soutenue et affirmée ; cette opinion est fortifiée par les événements.

C'est pour tous ces motifs que quelques collègues et moi avons pensé qu'il était temps de faire cesser l'équivoque qui existe ; l'insuffisance des résultats obtenus jusqu'ici, l'application anodine des décrets expliquent notre intervention. Nous estimons qu'il y a lieu d'apporter des modifications aux conditions à remplir pour devenir adjudicataires des travaux de l'État, des départements et des communes, modifications indispensables si nous voulons sincèrement mettre un terme aux abus que l'expérience a signalés et donner aux décrets du 10 août 1899 toute leur portée au lieu de ne semer que méfiance, scepticisme ou découragement parmi les travailleurs dont on a voulu améliorer les conditions de travail et protéger les intérêts.

Voici les modifications que nous avons l'honneur de proposer à la Commission permanente :

La Commission permanente du Conseil supérieur du travail émet le vœu que :

1° Le cahier des charges des travaux exécutés pour le compte de l'État, des départements et des communes devront également indiquer, dans le bordereau y annexé, la proportion du nombre des apprentis par rapport au nombre des ouvriers occupés;

2° Seuls seront adjudicataires les patrons qui, depuis une année au moins, appliquent à leur personnel les conditions normales du travail constatées par le bordereau établi conformément aux termes des décrets.

Nous ne nous dissimulons pas l'opposition que vont soulever ces propositions; les partisans de la liberté absolue, qui consacre tous les abus, s'élèveront contre les modifications que nous avons l'honneur de leur soumettre et qui heurtent de façon si forte l'esprit qui a dicté les ordonnances de 1836-1837 et toutes les habitudes administratives.

Malgré la vive contradiction qui va se produire, et bien que nous soyons nous-mêmes soucieux d'une liberté relative en matière d'entreprises industrielles, nous croyons fermement qu'il est temps de mettre un terme aux conséquences funestes que le système des adjudications a permis de relever et qui ont souvent ému l'opinion publique. Nous avons la conviction que le Conseil supérieur se ralliera à notre manière de voir; il accomplira ainsi une œuvre de haute moralité sociale et transformera en réalités les espérances qu'avaient fait naître, parmi les travailleurs, les décrets du 10 août 1899.

RAPPORT

PRÉSENTÉ PAR M. HONORÉ

AU NOM DE LA COMMISSION PERMANENTE.

Messieurs,

La Commission permanente du Conseil supérieur du travail a été saisie d'une note de votre honorable président, M. Keufer, relative à la modification des décrets du 10 août 1899 concernant les adjudications des travaux de l'État, des départements et des communes.

Cette note commence par une attaque très vive contre les administrations de l'État, accusées d'inertie et même d'hostilité à l'endroit de l'application des décrets. Elle poursuit en réclamant une fixation de doctrine au sujet des ateliers où le nombre des ouvriers travaillant pour une adjudication de l'État est très restreint et où ce genre de travail est momentané.

Enfin elle aboutit à une conclusion ferme formulée dans les deux articles suivants qui seraient ajoutés au texte des décrets :

1° Les cahiers des charges des travaux exécutés pour le compte de l'État, des départements et des communes devront également indiquer, dans le bordereau y annexé, la proportion du nombre des apprentis par rapport au nombre des ouvriers occupés;

2° Seuls seront adjudicataires les patrons qui depuis une année au moins appliquent à leur personnel les conditions normales du travail constatées par le bordereau établi conformément aux termes des décrets.

C'est donc sur ces deux textes que la discussion générale s'est engagée.

Mais tout d'abord l'administration s'est défendue énergiquement contre les accusations dont elle était l'objet, observant que l'on n'a pu arriver rapidement par la voie des décrets, en 1899, qu'en se limitant aux seules adjudications de l'État et en ne touchant à celles des départements et des communes que dans la limite compatible avec l'autonomie des départements et des communes. — Pour aller au delà il faut des lois applicables à l'universalité des citoyens et comme telles bien plus longues et plus difficiles à réaliser.

En second lieu, M. le Directeur du travail a rappelé que la nature des marchés visés par le décret; chantiers ou ateliers auxquels ils s'appliquent avait été définie clairement par les instructions de M. Millerand publiées à la suite des décrets, que vouloir aller au delà, c'est tomber dans des impossibilités absolues qu'on ne peut, dans une mine, par exemple, où l'État achète du charbon, vouloir individualiser la matière qui lui est destinée, ou dans une imprimerie qui emploie d'une manière intermittente un ou deux ouvriers à des travaux de l'État, individualiser l'ouvrier et ses heures de travail, qu'autant vaudrait demander qu'il y eût autant de contrôleurs que d'ouvriers, et qu'ainsi le bon sens suffit pour défendre les limites tracées par les instructions ministérielles qu'il faut pas séparer des décrets dont elles éclairent l'application en répondant par avance à la fixation de doctrine demandée par M. Keufer.

Et il terminait en observant que décrets et instructions ont été calqués scrupuleusement sur les vœux du Conseil supérieur du travail de 1897. — C'est alors que M. Dalle improvisa au cours de la discussion toute une série d'amendements au texte des décrets dont la mise au point pour les rendre possibles ou légaux ou pour les faire rentrer dans le sujet et les dégager d'ordres d'idées étrangers aux décrets exigeait un travail préalable ne permettant pas d'en faire la base de l'étude de la Commission — sans s'exposer à porter atteinte à l'intérêt des ouvriers, ainsi que le fit observer l'honorable M. Groussier.

Revenant donc au premier paragraphe du texte proposé par M. Keufer, M. Groussier fit reconnaître par la Commission que le paragraphe 6 de l'article 3 du décret donne satisfaction à M. Keufer dans la mesure légitime de ses préoccupations en disant :

Lorsque l'entrepreneur aura à employer des ouvriers que leurs aptitudes physiques mettent dans une condition d'infériorité notoire sur les ouvriers de la même catégorie, il pourra leur appliquer exceptionnellement un salaire inférieur au salaire normal. La proportion maxima de ces ouvriers par rapport au total des ouvriers de la catégorie et le maximum de la réduction possible de leurs salaires seront fixés par le cahier des charges.

Et puis, si on limite le nombre des apprentis par profession, que feront les enfants qui, de ce fait n'auront pu être placés ? On les obligera à prendre des professions à bas salaires. Eh bien, quand même le salaire devrait baisser dans certaines professions privilégiées, on ne peut empêcher les enfants, les apprentis de choisir le métier qui leur convient. Il ne faut pas substituer à l'égoïsme individuel l'égoïsme corporatif.

La question n'est pas de limitation; elle est de répartition. La classe ouvrière doit être solidaire pour arriver à une amélioration d'ensemble et c'est aux professions à salaires élevés à soutenir celles à salaires minimes.

Si l'on veut aborder la question de l'apprentissage, il faut la discuter dans un débat spécial et non d'une manière détournée.

Cette opinion ayant manifestement rallié la majorité de la Commission, c'est ainsi que la première modification demandée par M. Keufer s'est trouvée écartée, malgré les retours offensifs de son auteur combattus par divers membres et par M. le Directeur du travail.

D'ailleurs aussi bien à la Cour de cassation (arrêt du 17 juillet 1906) qu'au Conseil des prud'hommes de la Seine (jugement du 25 janvier 1904) on constate que les décisions des tribunaux ne permettent pas qu'on étende abusivement la qualité d'apprenti aux ouvriers ou ouvrières qu'on tenterait indûment de considérer comme tels.

Le second article que M. Keufer a proposé d'ajouter aux décrets du 10 août 1899, quittant un sujet fort étroit et tout à fait spécial, celui des apprentis, a entraîné la discussion sur le terrain même du fonctionnement des décrets au point de vue de la fixation des salaires.

On s'est plaint du peu de publicité donné au bordereau, tel qu'il est prévu par la circulaire du 14 novembre 1899, et de sa revision mal faite par l'Administration. A cet égard, il est reconnu que des protestations se sont produites dans certains cas du côté des ouvriers, dans d'autres du côté des patrons contre les chiffres adoptés par l'Administration qui garde toujours pour elle le dernier mot. L'Administration, de son côté, et pour préciser, le Préfet de la Seine, aurait, dans telle circonstance, refusé de sanctionner des prix élaborés en commission mixte dans le cas où ces prix ne répondaient pas à la réalité. Ce que M. le Directeur du travail explique en rappelant que les commissions mixtes n'ont qu'à constater les salaires en usage, à faire de bonne foi une opération de statistique et qu'elles sortent de leur rôle lorsqu'elles veulent substituer aux salaires normaux et courants des salaires arbitrairement fixés par elles.

Il est indéniable que si les obligations résultant des décrets, repos hebdomadaire aujourd'hui généralisé par la loi, nombre d'heures de travail facile à constater, nombre des ouvriers étrangers... ne soulèvent pas de difficultés sérieuses, le taux des salaires reste et restera la vraie source de débats et de difficultés sans cesse renaissantes, même avec la bonne volonté des parties, à raison de leur point de vue différent, les uns défendant leurs ressources journalières, les autres menacés par la concurrence de ne pouvoir faire honneur à leurs affaires.

De plus, il y a lieu d'inscrire des différences de salaires non seulement de région à région, mais entre une ville et la campagne qui l'avoisine et même entre des travaux nationaux et des travaux d'exportation destinés à des populations n'ayant pas les mêmes exigences que nous.

Le régime des adjudications pratiquées par l'État ne peut empêcher deux concurrents de se réclamer ainsi d'un bordereau tout à fait différent.

En présence d'un tel réseau de complications comment vouloir enserrer le pays tout entier dans des règles étroites et uniformes.

L'auteur des décrets a voulu donner une orientation générale en faveur de l'hygiène et de la rémunération suffisante des travailleurs.

Mais depuis neuf ans, une évolution s'est faite, la loi loi du repos hebdomadaire a été votée, les salaires ont été relevés partout non seulement pour les ouvriers travaillant chez les entrepreneurs de l'État, mais pour la généralité des ouvriers de l'industrie et cela par des causes multiples indépendantes des décrets.

Dès lors on ne voit pas pourquoi l'Etat rendrait plus grandes ses exigences vis-à-vis de ses fournisseurs, exigences dont suivant une loi fatale, il finit toujours par faire les frais au compte de la nation, c'est-à-dire de cette collectivité dont l'ouvrier lui-même est étroitement solidaire.

M. Keufer en proposant de n'admettre aux adjudications que les patrons qui depuis un an au moins appliquent à leur personnel les conditions normales du travail constaté par le bordereau, loin de faciliter l'application des décrets, la rendra infiniment plus obscure et incertaine, car certaines entreprises se montent précisément en vue d'une adjudication de travaux qui ne pourrait ainsi être abordée, bien plus souvent encore telle usine transforme son régime et son organisation si elle remplace un travail par celui que lui amène une adjudication et alors comment donc après coup et dans des mains d'œuvre différentes l'administration irait-elle vérifier ces conditions de travail conformes au bordereau qu'on lui reproche de ne pas savoir contrôler directement, sur le travail même, objet de l'adjudication et qu'elle est appelée à surveiller à tous les titres par ses agents ?

Il y a là évidemment une erreur de point de vue.

Au contraire, que font les industriels avisés dans les marchés qu'ils passent entre eux pour se défendre contre les négligences, les fautes ou la mauvaise foi ? Ils appellent tout le monde d'abord, puis ils éliminent pour toute nouvelle affaire les fournisseurs dont ils ont eu à se plaindre et l'article 5 des décrets appliqué avec intelligence répond infiniment mieux à la sauvegarde des intérêts des ouvriers comme de l'Etat. Aussi devons-nous le reproduire ici.

Lorsque des infractions réitérées aux conditions du travail auront été relevées à la charge d'un entrepreneur, contrairement à ses engagements, l'Administration compétente pourra, sans préjudice de l'application des sanctions habituelles prévues au cahier des charges, décider par voie de mesure générale, de l'exclure de ses marchés à l'avenir pour un temps déterminé ou définitivement.

Voici l'arme la meilleure et la plus sûre pour une administration décidée à en user avec justice et vigilance. — Protection du travailleur, moralisation des adjudications, tout est contenu dans cet article 5 et c'est pourquoi votre commission permanente est arrivée à voter dans sa séance du 6 avril 1908, l'ordre du jour suivant :

Considérant les mauvais résultats obtenus par l'application des décrets du 10 août 1899, la Commission permanente estime que c'est plutôt par des dispositions plus libérales que par de nouvelles réglementations qu'on peut espérer l'amélioration des adjudications au point de vue de l'intérêt public d'abord et aussi du monde des travailleurs, ouvriers comme patrons;

Et, par ces motifs, repousse les vœux présentés par M. Keufer.

Et si certains membres de la Commission ont demandé un redoublement de réglementation, il est juste de mentionner que d'autres ont inversement demandé la suppression pure et simple des décrets.

Après avoir longuement parlé des premiers, nous terminerons en touchant un mot de l'argumentation des autres.

Actuellement il y a trois sortes d'ouvriers en France : ouvriers des ateliers de l'État, arsenaux, fabriques de tabac ou d'allumettes; ouvriers des adjudications des travaux de l'État, des départements et des communes; ouvriers de l'industrie libre.

Les premiers, par le renouvellement continuel de leurs conflits avec l'État-patron, ne manifestent pas une grande satisfaction de la manière dont ils sont traités, et les produits fabriqués par eux ont une assez mauvaise presse. Les seconds, s'ils ont tiré quelque profit de l'intervention de l'État dans leurs rapports avec les entrepreneurs qui les font travailler, ont surtout servi de jalons pour l'amélioration du sort des travailleurs libres à la masse desquels ils appartiennent et dans laquelle ils doivent se confondre à mesure que les lois ouvrières assurent à la généralité les garanties nécessaires.

Les décrets ont fait leur temps et c'est à la loi égale pour tous à étendre à l'universalité des travailleurs, sans catégories subtiles et sans distinctions contestables, une sage protection qui sera d'autant plus réelle qu'elle entre et entrera dans les mœurs, plus puissantes que les textes de loi.

Multiplier les pénalités, aggraver les sanctions pénales jusqu'à les rendre draconiennes, c'est provoquer aux infractions et à l'inexécution des règlements. On l'a dit maintes fois dans l'intérêt de la morale publique : Mieux vaut pas de loi qu'une loi inappliquée. Et une loi est bientôt inappliquée, quand elle violente les mœurs.

C'est comme une étape intermédiaire entre les deux tendances, celle du passé d'il y a dix ans et celle de l'avenir prochain, que nous vous présentons avec confiance l'ordre du jour auquel nous nous sommes arrêtés.

COMMISSION PERMANENTE.

PROCÈS-VERBAUX.

SÉANCE DU 24 FÉVRIER 1908.

PRÉSIDENCE DE M. HEURTEAU.

La séance est ouverte à 2 heures 45.

Présents : Mlle BLONDELU, MM. BORDEREL, BOURDERON, BRIAT, CLÉVY, COUPAT, DALLE, DÉVILLETTE, Arthur FONTAINE, GROUSSIER, HEURTEAU, HONORÉ, KEUFER, MAISON, MALARDÉ, MILLET, MONDUIT, POTIN et TOURON.

M. RAFLIN, secrétaire adjoint, donne lecture du procès-verbal de la précédente séance. Après observations de MM. Borderel et Monduit, le procès-verbal est adopté.

L'ordre du jour appelle la discussion de la note de M. Keufer relative à la modification des décrets du 10 août 1899 visant les adjudications.

M. KEUFER examine successivement les points essentiels de la note qu'il a rédigée. Il insiste sur le peu de zèle apporté par les fonctionnaires des diverses administrations de l'État pour faire appliquer et respecter, en ce qui les concerne, les décrets du 10 août 1899. C'est ainsi que tous les administrations ministérielles n'ont pas encore inséré dans leurs cahiers des charges les clauses énoncées à l'article 1er desdits décrets. Il en est de même pour un certain nombre d'administrations communales et départementales.

La non-application des décrets tient aussi à la difficulté du contrôle résultant de la clause restrictive concontenue à l'article 1er par les mots « dans les chantiers ou ateliers organisés ou fonctionnant en vue de l'exécution du marché ».

Il est donc nécessaire de savoir si, malgré cette clause, les conditions énoncées dans les décrets sont applicables à tous les travaux exécutés pour le compte de l'État, des communes et des départements, non seulement lorsque ces travaux sont exécutés « dans des chantiers ou ateliers organisés ou fonctionnant en vue du marché », mais même lorsqu'ils le sont dans des établissements où s'exécutent concurremment avec eux d'autres travaux pour la clientèle privée.

Plusieurs patrons adjudicataires, pour échapper en partie aux conditions contenues dans les décrets, ont, notamment dans l'imprimerie, augmenté dans de notables proportions le nombre des femmes, des demi-ouvriers et des apprentis qu'ils emploient à un taux inférieur au salaire normal et courant et font ainsi une concurrence déloyale aux patrons qui payent leurs ouvriers au prix des tarifs mis en vigueur dans la profession.

Enfin, la non-application des décrets, en incitant les patrons et entrepreneurs à faire des rabais considérables, contribue à la mauvaise exécution des travaux, à leur accomplissement dans des conditions parfois dangereuses pour les ouvriers et à la violation des tarifs normaux et courants.

Pour remédier à ces divers inconvénients et pour que les décrets du 10 août 1899 donnent tous les résultats qu'on en attendait, il y a lieu d'y apporter les modifications suivantes :

La Commission permanente du Conseil supérieur du travail émet le vœu que :

1° Les cahiers des charges des travaux exécutés pour le

compte de l'État, des départements et des communes devront également indiquer, dans le bordereau y annexé, la proportion du nombre des apprentis par rapport au nombre des ouvriers occupés ;

2° Seuls seront adjudicataires les patrons qui, depuis une année au moins, appliquent à leur personnel les conditions normales du travail constatées par le bordereau établi conformément aux termes des décrets.

M. Arthur FONTAINE fait tout d'abord remarquer, par la confrontation des textes, que les décrets du 10 août 1899 répondent exactement aux vœux émis en 1897 par le Conseil supérieur du travail.

Quant à la question interprétative posée par M. Keufer pour savoir si les décrets s'appliquent indistinctement à tous les travaux faits pour le compte de l'État ou seulement à ceux qui sont exécutés dans les chantiers ou ateliers organisés ou fonctionnant en vue de leur exécution, M. Arthur Fontaine répond que du fait que les décrets s'appliquent bien à tous les marchés de l'État, il ne s'ensuit pas que le contrôle de leur application soit pratiquement possible. Il cite l'exemple d'une mine qui extrait du charbon et d'une imprimerie qui occupe d'une manière intermittente un ou deux ouvriers à des travaux de l'État. Ces deux entreprises fonctionnant en vue du marché général, il est impossible, par la nature même des choses, d'y établir un contrôle efficace ; car, dans le premier cas, on ne peut individualiser la matière, et, dans le second, on ne peut individualiser l'ouvrier et ses heures de travail.

Ces difficultés particulières sont plus rares dans les usines métallurgiques, dans les fabriques de drap, ces établissements pouvant exécuter pour le compte de l'État des travaux qui durent pendant plusieurs mois et qui occupent un grand nombre de leurs ouvriers.

Donc, bien que le texte des décrets ait une portée générale, sa non-application dans certains cas, en somme assez rares, résulte plutôt d'impossibilités pratiques que d'une difficulté d'interprétation juridique qu'un nouveau texte pourrait aplanir.

M. Arthur Fontaine ajoute que l'État, en ce qui le concerne, a appliqué d'une manière assez générale les décrets du 10 août.

Les difficultés ont été plus grandes pour les fournitures d'imprimerie que pour beaucoup d'autres, parce que, très souvent, il s'agit de marchés de peu d'importance et ne nécessitant qu'une main-d'œuvre occasionnelle.

En ce qui concerne les communes et les départements, un décret peut difficilement leur imposer l'obligation d'insérer les conditions du travail dans leurs cahiers des charges. Pour les communes, il faudrait une loi pour obtenir ce résultat. Pour l'instant, c'est aux conseils municipaux ou généraux de décider pour leurs travaux sur l'application des décrets. Et ces décrets sont, en fait, appliqués pour un grand nombre de travaux communaux ou départementaux.

Les bordereaux de salaires établis pour l'application des décrets du 10 août ont été très nombreux. Dans une certaine mesure, ils ont contribuer à stabiliser les salaires en faisant connaître leur taux courant et normal dans la région. Pour établir ces bordereaux, dans beaucoup de départements, notamment dans le département de la Seine, des commissions mixtes ont fonctionné pour nombre de professions.

A ce propos, il faut reconnaître que parfois certaines commissions mixtes ont cherché à innover, méconnaissant leur véritable rôle qui doit se borner à des constatations.

Les patrons et ouvriers présents dans ces commissions étant choisis par l'administration n'ont aucun mandat pour conclure des conventions. Ils font une statistique. Quand ils opèrent autrement, les préfets sont obligés de rétablir le tarif réel et courant à la place du tarif conventionnel proposé.

Quant à la difficulté du contrôle dans les ateliers qui ne travaillent qu'accessoirement pour l'État, elle est réelle, les ouvriers pourraient peut-être s'efforcer d'y obvier en veillant eux-mêmes à l'application des décrets.

En résumé, ce que recherche M. Keufer, avec raison, c'est à rendre l'application des décrets plus générale et son contrôle plus efficace. La Commission examinera, d'une part, si elle est d'avis de les réaliser, et, d'autre part, par quel moyen y parvenir.

M. BORDEREL déclare qu'il ne peut être d'accord avec M. Keufer, tout d'abord en ce qui concerne les apprentis. Il cite à ce sujet un passage du rapport fait par M. Keufer au Conseil supérieur, en 1897, et qui lui paraît en contradiction avec la première des modifications proposées aujourd'hui.

M. Borderel montre ensuite les difficultés auxquelles on se heurterait si l'on imposait aux patrons l'obligation de payer tout leur personnel au même prix et quelle perturbation une pareille mesure causerait dans toute l'industrie ; perturbation dont souffrirait non seulement les patrons et les associations patronales, mais aussi les associations coopératives ouvrières. En outre, il faut envisager quelle situation difficile en résulterait surtout pour les patrons travaillant pour l'exportation. Il est nécessaire, à son avis, d'établir une corrélation entre le salaire et la production. Et si l'État est chargé de défendre les intérêts du plus grand nombre, l'État est aussi un client et n'a pas à intervenir dans les affaires des tiers.

M. Borderel pense donc qu'il n'y a pas lieu d'adopter les modifications proposées par M. Keufer.

M. Dalle, après avoir examiné et commenté les différents articles des décrets, propose d'y apporter les modifications ou additions suivantes :

Art. 1er, § 1er. — Ajouter aux mots : chantiers ou ateliers organisés ou fonctionnant....., les mots : *totalement»* ou *«partiellement»*.

Art. 1er, § 1er. — Clauses du cahier des charges : En outre des clauses énumérées à l'article 1er des décrets du 10 août 1899 les cahiers des charges des fournitures et travaux de l'État, des départements, des communes et des établissements publics, *devront* contenir des clauses prescrivant *obligatoirement :*

1° L'application des lois, décrets, arrêtés et règlements visant *l'apprentissage, les conditions et la durée du travail, le repos hebdomadaire, l'hygiène et la sécurité des travailleurs dans les établissements industriels et commerciaux ;*

2° *Le recours à la conciliation et à l'arbitrage prévu et organisé par la loi du 27 décembre 1892 au cas de différends collectifs entre patrons et ouvriers ou employés.*

Art. 1er, § 5 (4°). — Modifier comme suit le 4° :

Limiter, sans pouvoir dépasser le maximum prévu par les lois, la durée du travail... etc.

Art. 1er. — Ajouter 5°. — Limiter à 20 p. 100 au maximum la proportion du nombre total d'apprentis ou de jeunes ouvriers et ouvrières.

Art. 1er. — § 6 à modifier comme suit : En cas de nécessité absolue, l'entrepreneur pourra..... *dans les limites et conditions légales,* avec l'autorisation expresse de l'Administration et de l'*Inspecteur du travail de la circonscription.*

Lorsque les travaux et fournitures faisant l'objet de marchés de travaux publics ne donneront pas lieu à une comptabilité particulière et ne seront pas entièrement exécutés par un personnel spécial, dans des ateliers, chantiers et locaux distincts et séparés des autres parties de l'établissement industriel, les clauses et conditions énoncées ci-dessus seront applicables à l'ensemble du personnel occupé dans ledit établissement.

Art. 3. — A modifier comme suit : La constatation ou la vérification du taux normal et courant des salaires et de la durée normale et courante de la journée de travail sera faite *concurremment* par les soins de l'*Inspecteur du travail* et de l'administration.

Art. 3, § 2. — 1° A la suite des mots : se référer..., supprimer les mots : autant que possible.

Art. 3, § 4. — Ajouter aux mots : *Ils* (les bordereaux) *devront être revisés au moins tous les cinq ans ;* et, *à toute époque,* ils pourront être revisés sur la demande des patrons ou des ouvriers, etc.

Art. 5. — A la suite des mots : Lorsque des infractions, supprimer le mot «réitérées» ; et à la suite des mots : *de l'exclure,* ajouter les mots : *définitivement ou.*

Au cours de son argumentation, M. Dalle ayant incidemment parlé des salaires payés, à Paris, aux ouvriers maçons pendant ces vingt-cinq dernières années, MM. Dévilette et Borderel contestent l'exactitude des chiffres cités.

M. Honoré fait remarquer à M. Dalle que les sanctions administratives prévues à l'article 5 des décrets ne doivent jouer, conformément à l'esprit dudit article, que lorsqu'il y a eu de nombreuses infractions, et, par suite, après épuisement des sanctions de droit commun.

Après échange d'observations entre MM. Dalle, Touron, Coupat, Dévilette et Keufer, sur la limitation du nombre des apprentis, M. le Président fait connaître qu'il reste trois orateurs inscrits : MM. Groussier, Briat et Dévillette.

La suite de la discussion est renvoyée à la prochaine séance, qui aura lieu le lundi 9 mars.

La séance est levée à 4 heures 45.

SÉANCE DU 9 MARS 1908.

PRÉSIDENCE DE M. HEURTEAU.

La séance est ouverte à 3 heures.

Présents : Mlle Blondelu, MM. Borderel, Bourderon, Briat, Clévy, Dalle, Dévillette, Arthur Fontaine, Groussier, Heurteau, Honoré, Keufer, Maison, Malardé, Millet, Monduit, Potin et Touron.

Excusé : M. Coupat.

M. Raflin, secrétaire adjoint, donne lecture du procès-verbal de la précédente séance. MM. Touron et Borderel demandent que les procès-verbaux soient plus développés qu'antérieurement et donnent une physionomie plus exacte des séances de la Commission.

Sous le bénéfice de ces observations le procès-verbal est adopté.

L'ordre du jour appelle la suite de la discussion de la note de M. Keufer sur la modification des décrets du 10 août 1899 sur les adjudications.

M. Groussier examine d'abord les additions et modifications proposées par M. Dalle. Il demande qu'on ne discute pas la question relative à la conciliation et à l'arbitrage (2°, § 1er, art. 1er), et qu'on ne puisse exclure un adjudicataire des marchés pour une seule infraction commise aux conditions du travail. Car les décrets ont surtout pour but d'empêcher l'avilissement des salaires ; et, en appliquant strictement le texte proposé par M. Dalle, on pourrait aboutir à des conséquences différentes.

Par exemple, tel entrepreneur qui, dans sa profession, payerait normalement les salaires les plus élevés pourrait être exclu parce qu'il n'observe pas strictement les conditions d'hygiène prévues par la loi. Il n'y a donc aucun intérêt à introduire ces nouvelles dispositions.

En ce qui concerne la limitation à 20 p. 100 du nombre des apprentis, M. Groussier pense que cette modification ne donnerait satisfaction à personne ; les uns trouveraient cette proportion trop forte, les autres trop faible. Quant au principe même de cette limitation, un paragraphe (§ 6, art. 3) des décrets donne en partie satisfaction à M. Keufer. Puis, si on limite le nombre des apprentis par profession, que feront les enfants qui, de ce fait, n'auront pu être placés ? On les obligera à prendre des professions à bas salaires. Eh bien, quand même le salaire devrait baisser dans certaines professions privilégiées, on ne peut empêcher les enfants, les apprentis, de choisir le métier qui leur convient. Il ne faut pas substituer à l'égoïsme individuel l'égoïsme corporatif.

La question n'est pas de limitation, elle est de répartition. La classe ouvrière doit être solidaire pour arriver à une amélioration d'ensemble, et c'est aux professions à salaires élevés à soutenir celles à salaires minimes.

Si l'on veut aborder la question de l'apprentissage, il faut la discuter dans un débat spécial et non d'une manière détournée.

Pour la deuxième modification proposée par M. Keufer, M. Groussier s'en déclare partisan, malgré les arguments qu'a précédemment fait valoir M. Borderel, en ce qui concerne la concurrence de la province dont les entrepreneurs de Paris pourraient être victimes. Les décrets, ainsi que la modification proposée, n'exercent aucune influence à ce sujet ; ils maintiennent l'équilibre, puisqu'ils exigent la constatation du salaire normal et courant, c'est-à-dire du salaire le plus général dans chaque région.

La difficulté d'application des décrets et aussi du texte proposé a été soulevée par M. le Directeur du Travail. Parmi les adjudicataires, les uns payent à leurs ouvriers un salaire normal et courant ; d'autres, un prix inférieur. Le bon sens voudrait que ces derniers fussent exclus du bénéfice des adjudications ; mais peut-être que le Conseil d'État pourra en décider autrement.

Si l'on modifie les décrets par un autre décret, le Gouvernement s'expose à voir sa décision cassée par le Conseil d'État; si l'on fait cette modification par une loi, il y a plus de difficultés pour aboutir.

Il faut donc voter le deuxième paragraphe proposé par M. Keufer, en invitant le Gouvernement à choisir la solution la plus pratique et la plus applicable.

M. Borderel fait remarquer que la modification proposée aurait surtout de fâcheuses conséquences pour les patrons travaillant pour l'exportation et qui ont à lutter avec la concurrence étrangère.

M. Briat se plaint de ce que les ministères de la marine, de la guerre, de l'instruction publique et des travaux publics, au contraire des postes et télégraphes, se basant sur les mots «chantiers ou ateliers organisés ou fonctionnant en vue de l'exécution du marché», prétendent qu'il faut un atelier spécial pour que le décret soit applicable.

Il serait utile que les ministères se missent d'accord et agissent tous comme l'administration des postes et télégraphes.

M. Arthur Fontaine fait remarquer qu'il faut non un atelier, mais simplement un personnel spécial. Les adjudicataires peuvent n'occuper qu'une partie des ouvriers de leur atelier. Mais il faut qu'on puisse individualiser les personnes employées pour le marché; il y a là un argument de fait plus qu'un argument de droit.

M. Briat constate, avec M. Keufer, combien le contrôle pour l'application des décrets est difficile et presque illusoire. L'affichage des bordereaux ne se fait pas et le taux du salaire n'est jamais contrôlé. Et le fût-il que certains adjudicataires en appellent aux tribunaux, en invoquant l'emploi de petites mains, de demi-ouvriers, etc. Il est donc nécessaire pour que l'on ne croie pas à l'inutilité des décrets, que des fonctionnaires de l'État, les inspecteurs du travail, par exemple, veillent à leur stricte application et puissent vérifier la comptabilité des entrepreneurs.

En ce qui concerne l'apprentissage, M. Briat rappelle à M. Groussier que les vœux formulés par le Conseil supérieur à ce sujet ont été depuis cinq ans soumis à la Commission du travail de la Chambre des députés. Quant à la limitation proposée par M. Keufer, elle a surtout pour but d'empêcher certains patrons de prendre spécialement pour l'exécution de travaux qui leur ont été adjugés, des apprentis ou des petites mains, et de faire ainsi une concurrence déloyale aux patrons qui emploient des ouvriers.

En somme, qu'a voulu l'État? Appliquer le minimum de salaire pour l'ensemble des ouvriers et non pour les capacités professionnelles. Il faut donc, pour le moment, se borner à limiter les petites mains, et laisser de côté, comme on le demande, la question de l'apprentissage. Mais il est nécessaire que les ouvriers aient l'assurance que, lorsqu'un décret est promulgué, il est strictement appliqué.

M. Borderel fait remarquer que le sens donné par M. Briat au mot «apprenti» ne correspond plus à la réalité et qu'il faudrait le remplacer par un autre terme.

Pour M. Dévillette, la difficulté d'application des décrets vient de ce qu'ils fixent le salaire sans déterminer parallèlement la quantité de travail à produire.

Dans la maçonnerie, lorsqu'en 1899, il s'est agit d'établir pour Paris le taux du salaire normal et courant, les patrons, pour que cette constatation fût loyalement faite, soumirent leur comptabilité à la Commission mixte.

Mais les ouvriers, se plaçant sur le terrain de leurs revendications, réclamèrent un salaire de 0 fr.90 l'heure au lieu du salaire normal de 0 fr. 75. L'accord n'ayant pu se faire, un premier arrêté, qui contenait les prix payés par la généralité des patrons, fut publié par l'Administration; mais, bientôt après, un second arrêt les augmenta sensiblement. Ainsi, à tout moment, sous l'influence de diverses réclamations, les prix sont modifiés dans l'intérêt d'une partie. Aujourd'hui, ce sont les ouvriers qui bénéficient de cette situation; mais que diraient-ils si demain c'étaient les patrons?

Cette instabilité dans le taux des salaires crée une situation des plus difficiles pour les entrepreneurs. On en peut juger par nombre de travaux comme ceux de la Concorde, des Invalides, de la Madeleine, etc., qui sont suspendus depuis de longs mois.

Dans certaines professions, l'intervention de l'Administration a pour résultat d'écarter les entrepreneurs honnêtes et de favoriser ceux qui, ne redoutant pas les procès, usent d'artifices pour se soustraire aux clauses qu'ils ont acceptées. Quand l'Administration veut se mêler de modifier les salaires, elle commet une erreur. Et la ville de Paris, qui, tous les trois mois, change ses prix en spécialisant, comme pour le métropolitain, les ouvriers occupés à ses travaux, fait naître avec les entrepreneurs qui ne se trouvent plus liés, des procès que payent les contribuables.

En ce qui concerne la série de prix établies par la ville de Paris, ainsi que l'a fait remarquer M. le Directeur du Travail, tant qu'elle a été établie dans des conditions normales, elle a été loyalement appliquée. Mais, celle de 1882, qui, avec l'aide de l'Administration, avait fait prévaloir les revendications des ouvriers, ne fut jamais mise en vigueur et fut remplacée par celle des architectes, appliquée couramment pour tous les travaux particuliers et des bâtiments civils.

M. Dalle ayant dit que les entrepreneurs, en se refusant pendant de longues années à augmenter les salaires, avaient une grande part de responsabilité dans la situation dont souffrait actuellement l'industrie de la maçonnerie, M. Dévillette fait connaître les faits et chiffres suivants :

Avant la grève de 1906, les garçons maçons gagnaient 0 fr. 40 et 0 fr. 45 l'heure et non 3 francs et 3 fr. 50 par jour, comme l'affirmait M. Dalle.

Lors de la déclaration de grève, en mai 1906, il y eut une réunion entre patrons et ouvriers ; ces derniers s'y montrèrent intangibles, demandant la journée de huit heures et un salaire de 1 franc l'heure pour les maçons et de 0 fr. 80 pour les garçons. Il faut remarquer que le garçon maçon n'est que l'auxiliaire de l'ouvrier. Les patrons ne se montrèrent pas aussi intransigeants que les ouvriers. Le 12 juillet 1906, par voie d'affiche, ils offraient de 0 fr. 75 à 0 fr. 85 aux tailleurs de pierre et de 0 fr. 70 à 0 fr. 80 aux maçons, prix applicables dès le 1er août suivant.

En août 1907, ces prix furent encore élevés : les maçons obtinrent de 0 fr. 80 à 0 fr. 85 l'heure et les garçons de 0 fr. 50 à 0 fr. 60.

Avec M. Briat, M. Dévillette reconnaît que, dans une certaine mesure, la situation révolutionnaire de la profession a pu contribuer à l'octroi de ces concessions successives, qui ont abouti, à l'heure actuelle, aux salaires suivants : maçons, 0 fr. 90 l'heure ; tailleurs de pierre, 0 fr. 95 ; ravaleurs, 1 fr. 30, etc.

Mais devant ces chiffres, est-ce qu'un peintre en bâtiment se contentera de 0 fr. 75 l'heure et un ouvrier d'art, comme le charpentier, de 1 franc ?

Toutes ces augmentations de salaires amèneront, comme l'a fait incidemment remarquer M. Bourderon, une élévation du prix des loyers et, conséquence plus grave, un arrêt dans la construction des maisons ouvrières, dont le rapport n'est que de 3.50 à 4 p. 0/0. Quoi qu'il en soit, les patrons n'ont rien à se reprocher à l'égard de leurs ouvriers, et si la situation qui leur est faite depuis dix-huit mois continuait, ils devraient envisager l'éventualité de la fermeture de leurs chantiers.

M. Dalle, faisant allusion à l'accident du caisson de la rue de Lutèce, en a rendu les patrons responsables. Il a eu tort. Les ouvriers ont-ils aussi fait tout leur devoir en abandonnant le chantier immédiatement après l'accident et en transmettant, dès le lendemain, sans motif plausible, cinquante-trois certificats d'accidents au syndicat de garantie ? Du reste, une enquête judiciaire est ouverte et les responsabilités seront déterminées. Pour conclure, M. Dévillette repousse toute modification ou extension aux décrets et demanderait plutôt leur suppression ; il s'associe aux déclarations de M. Groussier pour repousser la proposition de limitation du nombre des apprentis.

M. Arthur Fontaine est sûr qu'il y a, dans la Commission, accord complet avec M. Dévillette pour reconnaître que les commissions mixtes n'ont qu'à constater les salaires en usage, à faire de bonne foi une opération de statistique, et qu'elles sortent de leur rôle lorsqu'elles veulent substituer aux salaires normaux et courants constatés des salaires arbitrairement fixés par elles. Les patrons et ouvriers présents dans les commissions ne représentent pas des commettants leur ayant donné mandat et pouvoir de traiter. Ils sont choisis par l'Administration pour une œuvre statistique ; l'Administration, les choisissant, ne saurait leur conférer ni un mandat de leur corporation, ni un pouvoir que la loi n'a pas prévu. Aussi n'y a-t-il pas lieu de s'étonner du fait rapporté par M. Keufer que, dans une circonstance déterminée, le Préfet de la Seine aurait refusé de sanctionner des prix élaborés par les commissions mixtes ; il s'agit vraisemblablement d'un cas où ces prix ne correspondaient pas à la réalité.

M. Dalle remarque que l'hostilité de M. Dévillette pour les décrets du 10 août vient surtout de ce qu'ils violent la liberté du travail. Or, cette prétendue liberté n'est qu'un sophisme et n'aboutit qu'à un état anarchique. On se réclame toujours de l'ordre et on s'oppose à l'arbitrage. Puisque, sur les faits les plus simples, on ne peut se mettre d'accord, pour arriver à une vérité relative, il faut l'arbitrer. Et, par les commissions mixtes, c'est l'introduction du système d'arbitrage appliqué à la fixation des salaires normaux et courants.

S'appuyant sur la loi de 1833, le Ministre avait parfaitement le droit, par le décret du 10 août, complétant l'ordonnance de 1836, de réglementer les conditions dans lesquelles s'effectuent les travaux accomplis pour le compte de l'État.

A une question de M. Touron, M. Dalle répond que les ouvriers voient contre eux se liguer toutes les puissances juridiques et administratives. Les lois ouvrières restent sans sanctions, comme le démontrent péremptoirement les 200,000 francs d'amende infligés dans le cours d'une année pour les avoir transgressées; 200,000 francs sur lesquels 40,000 francs à peine ont été payés. Grâce à l'inertie de l'Administration, voilà comment les lois ouvrières sont appliquées. De là, l'intérêt des décrets du 10 août qui comportent des sanctions et assurent une application moins réduite de la loi.

M. Dalle ne pense pas, comme M. Dévillette, que les décrets puissent empêcher les entrepreneurs honnêtes de prendre part aux adjudications. Ils introduiront, au contraire, la moralité, ou plutôt moins d'immoralité, dans les adjudications, en plaçant les concurrents dans des conditions d'égalité.

Il faut remarquer qu'il y a quelque différence entre le texte proposé en 1897 par le Conseil supérieur et celui des décrets du 10 août. Quoique d'opinions plus modérées, le Conseil de 1897 avait proposé des sanctions plus fortes, telles que la « résiliation du contrat ou la mise en régie des travaux à exécuter; l'élimination du délinquant des adjudications de même nature dans le département », sanctions que ne comporte que fort atténuées l'article 3 des décrets de 1899.

M. Arthur Fontaine maintient qu'il y a concordance entre les vœux émis par le Conseil supérieur en 1897 et le texte des décrets du 10 août 1899. Quant à exclure à perpétuité un entrepreneur des adjudications, cela est inutile, et M. Dalle sait bien que cette exclusion perpétuelle ne saurait être maintenue. En permettant l'exclusion pour un délai déterminé, qui peut être très long, les décrets restent dans les conditions de la pratique.

M. Dalle pense que l'expression « infractions réitérées », qui figure à l'article 5, n'a pas de sens précis ou même n'a aucun sens, et que, d'autre part, le mot « pourra » au lieu de « devra » fait que les sanctions prévues au même article n'existent pas ou n'existent que faiblement. Quant au contrôle, il devrait s'exercer par les inspecteurs du travail, étant donnée l'incompétence des autres fonctionnaires.

M. Borderel, pour corroborer certaines appréciations faites par M. Dévillette, extrait d'un « Cahier des conditions particulières aux travaux d'entretien et d'installations nouvelles des sonneries électriques et téléphones à exécuter à l'Hôtel de ville et dans ses annexes, du 1er février 1908 au 1er janvier 1911 », les clauses suivantes, dont il donne lecture et dont il demande l'insertion au procès-verbal de la séance :

Art. 2. — L'adjudication aura lieu moyennant un rabais unique et applicable :

1° A une somme annuelle et à forfait de 5,000 francs pour l'entretien avant rabais.

Art. 9. — Afin d'assurer un fonctionnement irréprochable dans le service des sonneries et des téléphones, l'entrepreneur sera tenu d'avoir en permanence à l'Hôtel de ville trois ouvriers électriciens capables et munis des outils de leur profession et des ustensiles et fournitures nécessaires à l'exécution immédiate des réparations.

Ces trois ouvriers seront :

Un chef électricien et deux ouvriers électriciens.

Ils devront être présents tous les jours, dimanches et fêtes exceptés, de 8 heures du matin à 6 h. 1/2 du soir; l'un des deux électriciens ne devra jamais être éloigné de l'Hôtel de ville, son collègue seul pourra être détaché dans les annexes, mais ils devront s'organiser de telle sorte qu'à l'heure du repos, il y en ait toujours un dans l'édifice.

Sous aucun prétexte, ces hommes ne pourront être distraits de leur service d'entretien pour procéder à des installations neuves.

M. Borderel trouve que ces clauses sont immorales et que M. le Préfet de la Seine a violé les décrets du 10 août 1899 en les insérant dans un cahier des charges où il n'est attribué qu'une somme de 5,000 francs pour un travail d'entretien exigeant pour les trois ouvriers qui doivent l'accomplir un salaire total de 7,200 francs.

M. le Président fait connaître que MM. Keufer et Monduit doivent encore prendre part à la discussion, dont la suite est renvoyée au lundi 23 mars.

La séance est levée à 5 heures.

SÉANCE DU 23 MARS 1908.

PRÉSIDENCE DE M. KEUFER.

La séance est ouverte à 3 heures.

Présents : Mlle Blondelu; MM. Borderel, Bourderon, Briat, Clévy, Coupat, Dalle, Dévillette, Arthur Fontaine, Groussier, Heurteau, Honoré, Keufer, Maison, Malardé, Millet, Monduit, Potin et Touron.

Excusé : M. Guérard.

M. Raflin, secrétaire adjoint, donne lecture du procès-verbal de la précédente séance.

Après une observation de M. Dévillette, le procès-verbal est adopté.

M. Touron, se faisant l'interprète de plusieurs de ses collègues, demande que les séances de la Commission commencent à 2 heures précises.

Cette proposition est adoptée à l'unanimité des membres présents.

M. Keufer tient tout d'abord à faire remarquer que les modifications qu'il propose d'apporter aux décrets de 1899 ne sont pas inspirées par la situation particulièrement pénible de la typographie. Il poursuit un but d'un ordre plus élevé et plus général.

Contrairement à ce que déclarait M. le Directeur du travail, il constate que, dans presque tous les ministères, les décrets ne sont pas appliqués; particulièrement dans ceux de la guerre et de la marine, où l'on est poliment éconduit, lorsqu'on y est reçu. D'après les décrets, les travaux soumissionnés ne peuvent être exécutés que dans des ateliers spéciaux; mais un grand nombre de ces travaux sont exécutés dans des ateliers ordinaires, comme on le voit surtout dans la typographie.

Le fonctionnement des commissions mixtes offrait aux patrons, comme aux ouvriers, des garanties d'impartialité, et on devrait les réunir plus souvent. Quant à l'annulation, faite par M. le Préfet de la Seine, des décisions prises par la Commission mixte de l'industrie de la voiture, elle est véritablement abusive, puisque l'accord s'était fait entre les patrons et les ouvriers siégeant dans cette commission.

Mais le grand obstacle pour l'application des décrets provient de la difficulté du contrôle. Ce qui justifie la deuxième modification proposée, exigeant que « seuls seront adjudicataires les patrons qui, depuis une année au moins, appliquent à leur personnel les conditions normales du travail constatées par le bordereau établi conformément aux termes des décrets ». Contrairement à ce que pense M. Borderel, les modifications proposées ne portent que sur les travaux pour lesquels les décrets prévoient l'application du salaire normal et courant, et non pour les travaux ordinaires exécutés dans des conditions de toute liberté quant à leur rémunération.

M. Borderel demande si, d'après les modifications proposées par M. Keufer, une société en formation — et n'ayant donc pu encore établir le taux des salaires qu'elle payera à ses ouvriers — sera, de ce fait, exclue du bénéfice des adjudications?

M. Keufer répond que cette société pourra soumissionner comme quiconque, à la condition de prendre l'engagement préalable de payer les salaires normaux et courants. Cette condition pourra faire l'objet d'une légère modification au texte proposé.

Quant à l'observation de M. Borderel en ce qui concerne la concurrence que, grâce à la différence des tarifs, pourraient se faire les entrepreneurs en faisant exécuter en province des travaux adjugés à Paris, M. Keufer pense qu'il n'y a pas moyen de l'éviter; mais il est bien entendu que, conformément aux décrets, les travaux devront être payés aux prix normaux et courants de la région dans laquelle ils seront accomplis.

M. Briat fait remarquer que, dans la pratique, cette manière de procéder est fort rare, et que, presque toujours, les travaux sont exécutés dans la région même où ils ont été adjugés.

M. Honoré pense qu'en insérant encore de nouvelles restrictions dans les décrets et en rendant plus difficiles à remplir les clauses des adjudications, on va réduire le nombre des soumissionnaires. Le fait se produit déjà pour l'Assistance publique.

M. Keufer répond que si les administrations ne trouvaient plus d'adjudicataires, il faudrait alors, ou que les ouvriers renonçassent à voir s'améliorer les conditions du travail, ou que les travaux fussent exécutés en régie.

M. Borderel a fait observer combien les industriels qui travaillent pour l'exportation pourront être facilement concurrencés par leurs confrères de l'étranger. Mais il n'y a pas qu'en France où les ouvriers réclament des augmentations de salaire, il en est de même en Allemagne, en Angleterre, en Autriche; la situation des patrons français n'est donc pas sensiblement différente de celle des patrons étrangers.

Quant aux ouvriers faibles, aux femmes, aux apprentis, il n'est pas question de les éliminer. Et les décrets prévoient dans quelles conditions et dans quelles proportions les ouvriers faibles ou demi-ouvriers pourront être employés. Du reste, ce sont les patrons eux-mêmes qui se chargent de congédier les ouvriers incapables. Mais il faut bien prévoir le cas où des patrons employeraient dans d'abusives proportions des femmes, des enfants ou des demi-ouvriers, et concurrenceraient ainsi d'une manière déloyale leurs confrères qui occupent un plus grand nombre de véritables ouvriers. Ces abus ont été constatés plus de vingt fois dans la typographie, où l'on voit des femmes payées à un tarif de 40 p. 100 inférieur à celui des hommes.

M. Groussier s'est élevé avec vivacité contre la limitation du nombre des apprentis. Cette limitation n'a pourtant d'autre but que d'empêcher les patrons d'employer un plus grand nombre d'apprentis que d'ouvriers. En Autriche, ce nombre est limité par la loi, qui détermine aussi dans quelles conditions doit se faire l'apprentissage. La limitation proposée permettrait aussi de faire de bons ouvriers. Enfin, elle se justifie encore par les nombreux abus qui se produisent et dont le procès du Syndicat des ouvriers en instruments de précision fournit un saisissant exemple.

M. Groussier, demandant ce que l'on ferait des enfants qui resteraient hors des ateliers, a considéré que limiter le nombre des apprentis était faire œuvre antisociale. Il est pourtant légitime que les professions envahies par un trop grand nombre d'enfants puissent se défendre, d'autant plus que ces enfants ne feront qu'augmenter le nombre des chômeurs et des malheureux. Il y a des professions qui prospèrent, d'autres qui périclitent, et la limitation pourrait permettre entre elles une meilleure répartition du nombre des apprentis. Puis, ne pourrait-on aussi restituer à l'industrie agricole les bras qui lui manquent? Il est bien entendu que les conditions dans lesquelles les travaux prévus par les décrets devront être exécutés sont applicables aux associations ouvrières de production comme aux patrons.

M. Briat déclare que ces associations acceptent sans difficulté ces conditions.

M. Arthur Fontaine fait remarquer qu'à l'égard de la loi et des décrets, la situation des associations ouvrières est la même que celle des patrons : un actionnaire ou sociétaire ouvrier, dans une société anonyme à capital variable, est employé à titre de salarié; le patron est la personne morale que constitue la société. Mais, en fait, les ouvriers associés ne touchent pas toujours l'intégralité de leur salaire; souvent, ils en touchent une partie et laissent la différence à leur compte crédit; parfois même ils abandonnent tout ou partie de leur créance à la société à laquelle ils appartiennent pour combler le déficit d'un exercice.

M. Keufer, répondant à M. Dévillette, qui avait précédemment conclu en demandant le retour à la liberté et la suppression pure et simple des décrets, déclare qu'il ne peut s'associer à cette proposition. Ce serait le retour au régime des rabais exagérés et de la concurrence sans frein, dont l'ouvrier, abandonné aux exigences patronales, ferait tous les frais et subirait les désastreuses conséquences. L'Angleterre, la Hollande, la Belgique ont pris des mesures semblables à celles dont on demande aujourd'hui la suppression; il semble pourtant qu'elles n'ont jamais fait obstacle au développement de la prospérité industrielle de ces pays.

M. Keufer conclut en appuyant l'addition à l'article 1er, § 1er, des mots « totalement ou partiellement », proposée par M. Dalle. Il demande pour l'Administration le droit d'exclure soit définitivement ou pour un délai très prolongé tout adjudicataire qui violerait le cahier des charges, et la plus grande efficacité possible du contrôle, afin que le but visé par les décrets soit atteint.

M. Dalle, prenant la parole pour une motion d'ordre, demande la clôture de la discussion générale et le passage à la discussion des articles, paragraphe par paragraphe.

M. Touron propose de terminer aujourd'hui la discussion générale et de renvoyer à la prochaine séance la discussion des articles.

M. Dalle pense que le temps consacré aux discussions devrait être proportionné à l'importance des questions.

M. Touron fait observer que M. Dalle ne saurait se plaindre de la longueur des débats, puisqu'il est l'auteur d'une proposition qui ne contient pas moins de neuf additions ou modifications.

La proposition de M. Touron est adoptée.

M. Monduit trouve que la question en discussion a un intérêt primordial et qu'elle mérite un examen sérieux. Elle concerne non seulement les industriels soumissionnaires, mais tous les industriels français.

Sur la première proposition de M. Keufer concernant le nombre des apprentis et à laquelle M. Groussier a déjà répondu, il faut remarquer que si, dans une certaine mesure, l'État peut pour ses travaux limiter le nombre des apprentis qui y seront employés, l'application de cette limitation est, quoique le comporte le texte soumis, inadmissible pour la généralité de l'industrie.

Si, comme s'en plaint M. Keufer, la typographie se voit envahie par la machine, c'est, sans doute, que les patrons imprimeurs éprouvaient trop de difficultés avec la main-d'œuvre ordinaire. Au surplus, patrons, comme ouvriers, sont impuissants à empêcher la substitution fatale de la machine à l'homme. Il y a, certes, des souffrances pour les ouvriers des industries dans lesquelles s'opèrent cette transformation; mais il n'est pas possible de les éviter. Plus par l'intervention légale on restreindra la liberté des patrons, plus on les poussera à s'affranchir des conditions onéreuses qu'on veut leur imposer par une plus grande extension du machinisme.

Donc, conformément à l'avis de M. Groussier, il n'y a pas lieu d'adopter cette première proposition.

La deuxième proposition soulève, à divers points de vue, de graves objections.

Tout d'abord, l'État et les communes ont intérêt à avoir en face d'eux le plus grand nombre possible de soumissionnaires. Si, en multipliant les règlements et les difficultés, on les écarte des marchés, la valeur morale des adjudications en sera naturellement diminuée. C'est à quoi on aboutirait si la proposition de M. Keufer était appliquée.

Si, par exemple, un magasin comme le Louvre voulait soumissionner pour les travaux de l'Assistance publique, il devrait fournir tous les bordereaux de ses employés pour prouver qu'ils sont payés au salaire normal et courant. Il y aurait là évidemment impossibilité pratique. Voilà donc un grand établissement qui, de ce fait, ne pourrait être adjudicataire. Il en serait de même pour toutes les grandes maisons qui ne participeraient plus aux adjudications, au profit d'autres qui, constituées spécialement pour faire les travaux de l'État ou des communes et peuvent, pour cette raison, ne présenter que de moindres garanties, disparaissent après avoir exécuté tant bien que mal les travaux qui leur ont été adjugés. Ces entrepreneurs spécialistes peuvent embaucher en nombre des ouvriers de passage et leur payer même des salaires élevés; mais ils débauchent aussi en masse, d'où augmentation du nombre des chômeurs et des nomades et perturbation dans la profession.

Si le texte de M. Keufer était voté, ce serait jeter un trouble dans l'industrie, en écartant, plus qu'actuellement encore des adjudications, les maisons sérieuses qui gardent leurs ouvriers et leur épargnent, autant que possible, les inconvénients du chômage.

Dans son rapport, M. Keufer parle de liberté absolue et de liberté relative; il n'y a qu'une liberté : la liberté tout court. C'est cette liberté qui doit être donnée à tous, aux patrons, comme aux ouvriers. Puis comment déterminer exactement par des commissions mixtes le taux des salaires. Souvent cette détermination est fictive ou exagérée. En outre, les ouvriers représentés dans ces commissions ne formeraient, d'après M. Millerand, que le dixième ou le douzième de l'ensemble des ouvriers des professions dont ils fixeront le salaire. Sans contester la valeur de ce dixième, il semble bien que les autres ouvriers, les 90 p. 100, ont le droit de travailler comme ils l'entendent.

Cette question a une importance aussi grande que celle de la marque syndicale. On voudrait, selon l'expression de M. Millerand, substituer dans l'industrie au *système* monarchique le *système* constitutionnel et on aboutit au *système* anarchique. On ne fait plus des patrons que des chefs n'ayant qu'à faire faillite. Dans les travaux exécutés par voie d'adjudication, il n'y a de bénéfices que pour les spécialistes et pour les coopératives, lesquelles sont comblées des faveurs de l'Administration.

Il n'y a donc pas lieu d'adopter le texte de M. Keufer, qui présente de graves inconvénients dont souffriraient l'État, les communes et les ouvriers eux-mêmes.

En terminant, M. Monduit communique un document qui montre qu'en 1907, en Angleterre, les patrons et ouvriers de la métallurgie, sans aucune intervention de l'État, ont, en pleine liberté, abouti à une entente pour la fixation des salaires.

M. Malardé remarque que M. Monduit n'a fait que constater l'état anarchique du patronat résultant de la concurrence que se font les patrons et dont les ouvriers sont les victimes. Il est donc nécessaire d'exiger de tous les patrons adjudicataires les nouvelles conditions demandées par M. Keufer.

M. Arthur Fontaine, répondant à MM. Keufer et Monduit, fait de nouveau remarquer que le rôle des commissions mixtes prévues par les décrets du 10 août 1899 n'est pas de fixer les salaires, mais d'en constater le taux normal et courant; elles doivent simplement faire œuvre de statistique. Un préfet a donc le droit et le devoir de ne pas suivre les avis d'une commission mixte qui aurait méconnu ce principe, même si les patrons et les ouvriers avaient été unanimes à commettre cette erreur. Il n'appartient pas aux membres de la commission, choisis par l'Administration et n'ayant reçu aucun mandat de leur corporation, de conclure un accord sur le taux des salaires. C'est aux organisations patronales et ouvrières qu'il appartient, le cas échéant, de s'entendre pour fixer des prix qui, une fois acceptés de part et d'autre, pourront figurer comme courants sur les bordereaux soumis aux commissions mixtes.

Malgré les raisons très sérieuses invoquées par M. Keufer, M. Arthur Fontaine ne croit pas qu'on puisse limiter le nombre des apprentis dans chaque profession; or, c'est à cela qu'aboutit la proposition de M. Keufer, qui vise pour l'ensemble de son exploitation tout entrepreneur passant avec l'État, le département ou la commune un marché d'importance quelconque. On comprend fort bien les appréhensions légitimes que cause le développement du machinisme dans une profession comme la typographie. Cependant il est très rarement arrivé qu'une machine perfectionnée ait diminué le nombre des ouvriers employés dans une industrie antérieurement à son apparition; en général, elle a pour conséquence une diminution du prix de revient et une augmentation de la production plutôt qu'une diminution de l'effectif ouvrier.

Pour pouvoir réaliser rationnellement la limitation demandée par M. Keufer, il faudrait établir la répartition normale des tâches dans un pays, afin de déterminer le nombre rationnel d'apprentis nécessaires à chaque industrie, à chaque commerce. C'est là un problème singulièrement difficile. Quelqu'un disait tout à l'heure : « Il vaut mieux que les bras inutiles à l'industrie restent à la campagne. » Mais alors il faudra décréter que les travaux des champs auront des salaires aussi avantageux. Tout se tient. Comme le disait M. Groussier, c'est une solution rétrograde; on ne peut parquer les enfants dans telle ou telle profession ni leur imposer tel ou tel travail.

Dans son rapport, M. Keufer demande que les commissions mixtes se réunissent plus souvent et d'une façon plus générale sur tout le territoire pour la fixation des salaires normaux et courants. Il n'y a aucune objection à cette proposition, qui pourra faire l'objet d'un vœu.

En ce qui concerne les catégories d'atelier dans lesquelles les décrets sont applicables, une circulaire de M. Millerand a déjà traité ce point. Et l'on peut rappeler à tous les ministères que cette application doit se faire à tout groupe d'ouvriers faisant pendant quelques jours, ou pendant un jour, un travail déterminé pour l'exécution du marché. L'addition des mots « totalement ou partiellement », proposée par M. Dalle pour compléter l'expression « fonctionnant en vue de l'exécution du marché », peut être acceptée; elle n'ajoute rien aux décrets; elle en précise le texte. La difficulté d'application subsistera toujours dans tous les cas où l'on ne pourra pas individualiser les ouvriers travaillant pour l'exécution du marché, soit parce qu'il s'agira de produits de fabrication courante, soit parce qu'il s'agira de travaux minimes exécutés d'une manière intermittente dans un atelier par un ouvrier ou même par quelques ouvriers.

Il y a bien la solution présentée par M. Keufer qui simplifie le contrôle; mais elle ne pourrait être adoptée pour de simples raisons de contrôle. Je ne la discute pas au fond; je veux seulement indiquer qu'elle dépasse la question des marchés de l'État. Le système des adjudications a des défauts inhérents à lui-même, comme la malfaçon, par exemple, et il doit être considéré comme un moindre mal. C'est pour l'État le moyen de parer, dans une certaine mesure, à des abus qui, sans cela, pourraient être encore plus graves. Par les décrets, on a laissé les entrepreneurs libres de faire porter leurs rabais sur les fournitures, mais on a voulu les empêcher de les faire supporter par la main-d'œuvre. On n'a pas voulu que les salaires fussent abaissés par le jeu même des adjudications. La proposition de M. Keufer vise un but plus étendu; en tout cas, elle a des conséquences plus larges qu'il faudra examiner avec soin avant de se décider.

Pour résumer, M. Arthur Fontaine ne peut soutenir la limitation du nombre des apprentis; sur la seconde proposition de M. Keufer, proposition très intéressante, appliquant indistinctement à tous les ouvriers employés chez les patrons soumissionnaires les conditions des décrets, il ne saurait se prononcer actuellement; en ce qui concerne les précisions qu'il y aurait lieu d'apporter: 1° aux sanctions pour infractions aux décrets; 2° aux garanties du contrôle, il croit que des propositions utiles ont été faites, qui pourraient être mises au point dans une prochaine séance.

M. Coupat déclare que, dans sa profession, les maisons qui soumissionnent — sauf pourtant celles qui ont des brevets — se soucient peu du salaire des ouvriers et de la bonne exécution du travail, même s'il s'agit de la fabrication d'engins de guerre. Il pense que si l'État exigeait de ses adjudicataires que leurs ouvriers fussent mieux payés, il y aurait tout avantage, ne serait-ce que dans l'intérêt général de l'État.

M. Heurteau constate combien le système des adjudications est défectueux, et combien aussi l'État se trouve, pour l'exécution de ses travaux, en état d'infériorité avec l'industrie privée, qui, elle, peut traiter de gré à gré avec des entrepreneurs. La conclusion de la discussion serait, s'il était possible, la suppression des adjudications.

M. Coupat s'associerait volontiers à la conclusion de M. Heurteau; mais, pour l'instant, les ouvriers essayent de se défendre comme ils le peuvent, et l'État se doit à lui-même de faire payer aux ouvriers employés à ses travaux les salaires normaux et courants.

M. Coupat réprouve le sabotage volontaire; mais il reconnaît que les bas salaires incitent et poussent malgré tout au sabotage involontaire et forcé. Il termine en se ralliant à la deuxième modification proposée par M. Keufer.

M. Borderel conteste que le rabais ne puisse porter que sur les fournitures. Il y a quelques mois, l'Assistance publique faisait procéder à une adjudication pour laquelle elle imposait un rabais minimum de 20 p. o/o. Il est bien évident que ce rabais devait forcément aussi porter sur les salaires. Par ces procédés, l'État et les Administrations incitent et contribuent à la baisse des salaires. Ils tournent dans un cercle vicieux en imposant un rabais et un salaire déterminés. Ces procédés sont vraiment immoraux et on devrait y renoncer.

M. Keufer cite quelques passages de son rapport de 1897 qui corroborent les opinions qu'il a exprimées au cours de la discussion actuelle. Il ne croit donc pas, comme on le lui a reproché, être en contradiction avec lui-même.

M. Dalle explique les raisons pour lesquelles la fixation d'un minimum de rabais est nécessaire pour empêcher la coalition des patrons en matière d'adjudication. Il cite le cas où pour des travaux à exécuter dans la banlieue, les entrepreneurs appelés à soumissionner se sont accordés pour ne pas faire de rabais supérieur à 15 p. o/o. Si l'un d'entre eux avait dépassé ce chiffre, il était prévenu qu'il ne pourrait pas se procurer de matières premières.

Donc le principe de la liberté si souvent invoqué par les patrons n'est qu'un sophisme; cette liberté, un certain nombre d'entre eux la violent fréquemment dans les adjudications par des pratiques de coalition dont l'État, les communes et les ouvriers subissent les fâcheuses conséquences.

On a dit que les ouvriers représentés dans les commissions mixtes n'avaient pas qualité pour prendre des décisions engageant la totalité des ouvriers de leur profession, totalité dont ils ne constituaient, en général, qu'une infime minorité; mais ces représentants, ouvriers ou patrons, où les prendra-t-on si ce n'est dans les syndicats, qui, groupant l'élite morale et technique de la classe ouvrière, constituent une véritable force sociale suffisamment qualifiée pour exprimer exactement la volonté de telle ou telle profession.

Donc l'argument tiré de l'insuffisance numérique de la représentation ouvrière dans les commissions mixtes est sans valeur et n'a aucune importance.

M. le Président prononce la clôture de la discussion générale et annonce que la prochaine séance aura lieu le lundi 6 avril, à 2 heures précises. Ordre du jour : discussion des articles.

La séance est levée à 5 heures et demie.

SÉANCE DU 6 AVRIL 1908.

PRÉSIDENCE DE M. HEURTEAU.

La séance est ouverte à 2 heures un quart.

Présents : Mlle BLONDELU, MM. BORDEREL, BOURDERON, COUPAT, DALLE, DÉVILLETTE, HEURTEAU, HONORÉ, MAISON, MALARDÉ, MONDUIT et POTIN.

Excusés : MM. BRIAT et TOURON.

. . . .

La suite de l'ordre du jour appelle le passage à la discussion des articles proposés par M. Keufer et portant modifications aux décrets du 10 août 1899.

Comme conclusion aux précédentes discussions MM. DÉVILLETTE et BORDEREL déposent la proposition suivante :

« Les décrets du 10 août 1899 ayant été la cause de conflits permanents entre employeurs et ouvriers, la Commission permanente du Conseil supérieur du travail émet le vœu :

« Que lesdits décrets soient rapportés.

« Signé : DÉVILLETTE, G. BORDEREL. »

M. DALLE demande le retrait de cette proposition, qui s'écarte par trop de l'objet en discussion. Il ne s'agit que de points de détails, de modifications à apporter aux décrets, et non de leur maintien ou de leur suppression.

M. MONDUIT fait remarquer que, par hasard, les patrons sont en majorité et qu'ils ne tiendraient qu'à eux de voter la proposition de MM. Dévillette et Borderel. Quant à lui, il croit préférable de demander aux ouvriers de vouloir bien s'associer aux patrons pour changer le mode de travail en usage et pour faire cesser cette pratique qui consiste à présenter comme l'opinion du Conseil supérieur du travail ou de sa Commission permanente, ce qui n'est, en réalité que, l'opinion d'une fraction de ces deux assemblées.

Les patrons et les ouvriers doivent s'unir pour ne plus fausser le résultat de leurs délibérations devant le Parlement et devant l'opinion publique. Si l'accord se fait sur ce point, la proposition soumise pourrait être retirée.

M. BOURDERON trouve cette proposition inacceptable. Il ne voit aucun inconvénient à ce que les patrons bénéficient de leur majorité occasionnelle d'aujourd'hui. Si la proposition de MM. Dévillette et Borderel est adoptée, le Conseil supérieur pourra, dans sa prochaine session, en annuler les effets.

M. DÉVILLETTE déclare que ce n'est pas la majorité accidentelle qui échoit aux patrons qui motive sa proposition. Cette proposition n'est pas de circonstance ; elle est la conclusion logique des observations que les patrons ont présentées aux cours de la discussion. Du reste, à une précédente séance, M. Touron avait déjà demandé que cette proposition fût formulée.

Dans la généralité des cas, l'application des décrets a été faite d'une manière illégale. Au lieu de faire arrêter les prix par les patrons et les ouvriers, réunis dans les commissions mixtes, c'est l'Administration qui s'est chargée d'établir les bordereaux des salaires normaux et courants.

En outre, la ville de Paris a nommé un certain nombre de surveillants qui doivent assister à la paye des ouvriers employés chez les entrepreneurs de ses travaux. C'est monstrueux.

Aux guichets de paye de ces entrepreneurs, se trouvent des ouvriers qui ne sont pas employés aux travaux de la ville et qui pourtant passent sous les yeux de ses contrôleurs.

Il est vrai qu'avec la modification proposée par M. Keufer, toute difficulté de contrôle serait aplanie, puisque les adjudicataires devraient payer indistinctement à tous leurs ouvriers le salaire déterminé comme normal et courant. Mais on a vu, au cours de la discussion, ne serait-ce que par les difficultés d'application qu'elle soulève, que cette proposition était inacceptable.

Les bordereaux de salaire, établis par l'Administration, lèsent tantôt les patrons, tantôt les ouvriers. Cette intervention de l'Administration a des résultats les plus fâcheux, comme le prouvent les prix établis par la ville de Paris, en 1882, qui contestés, dès cette époque par les patrons, sont cités aujourd'hui, par voie d'affiches, par les ouvriers, comme étant les salaires, normalement payés alors, tandis, qu'en réalité, ces salaires ont été imposés par l'Administration.

Les décrets sont donc une source de conflits et c'est ce qui motive la demande de leur suppression.

M. Maison fait observer qu'il n'a pas qualité pour prendre part au vote qui peut être émis.

M. Monduit fait remarquer que le vœu de MM. Dévilette et Borderel a déjà été déposé par la totalité des patrons à la dernière session du Conseil supérieur du travail.

M. Dalle critique les raisons exposées par M. Dévillette, qui, visant particulièrement la ville de Paris, ne sauraient atteindre les décrets de 1899. M. Dévillette devrait plutôt demander l'abrogation de tout l'ensemble des lois, décrets et ordonnances réglementant les adjudications; car ce n'est pas seulement dans les décrets de 1899 qu'il y a des dispositions gênantes pour les adjudicataires, mais aussi dans ceux de 1836 et 1837.

Puis l'Administration, quoi qu'on en dise, exerce aussi un contrôle sur les prix établis par les Commissions mixtes. Comme le prouve le fait, cité par M. Keufer, du Préfet de la Seine annulant les délibérations de la Commission de l'industrie de la voiture. Il n'y a donc pas lieu d'abroger les décrets.

M. Coupat demande aux patrons s'ils ne croient pas que les adjudications doivent être réglementées, s'ils trouvent parfait le régime auquel elles sont actuellement soumises et s'ils ne pensent pas que les entrepreneurs sérieux seraient très heureux si, par exemple, un minimum de rabais était fixé. De récents scandales montrent la nécessité d'une réglementation, pour empêcher les agissements d'adjudicataires peu scrupuleux. Pour lui, s'il pensait que des mesures draconiennes pussent éloigner des adjudications les patrons consciencieux, il serait prêt à les repousser; mais à la condition qu'en aucun cas la main-d'œuvre ne subisse les conséquences des rabais.

Quant à la surveillance exercée par la ville de Paris aux guichets de paye de ses entrepreneurs, elle se justifie par les procédés employés par certains d'entre eux, qui ont eu l'indélicatesse de faire signer obligatoirement à leurs ouvriers des bulletins de paye sur lesquels était porté un salaire fictif de 0 fr. 80 l'heure, tandis que le salaire réellement payé n'était que de 0 fr. 70.

Pour conclure, M. Coupat votera contre la proposition de MM. Dévilette et Borderel; mais il accepterait de discuter une autre proposition concernant les modifications à apporter au régime des adjudications.

M. Borderel serait prêt à discuter la proposition dont vient de parler M. Coupat; mais, auparavant, il considère que les décrets étant mauvais, il y a lieu de voter leur abrogation.

M. Coupat déclare qu'il aurait voté contre la proposition de M. Keufer de limiter le nombre des apprentis. Mais, il est bien entendu que des mesures devront être prises contre les patrons qui emploient quantité d'ouvriers insuffisants, dressés en peu de temps, et qui concurrencient les véritables ouvriers. Le seul remède à ces abus, c'est de fixer le taux des salaires pour les véritables ouvriers.

M. Honoré rappelle que M. le Directeur du travail a fait précédemment remarquer qu'en compliquant la réglementation on rendait plus difficile son application. Et c'est ce à quoi aboutissent les modifications proposées par M. Keufer. Si, d'un autre côté, on trouve la proposition de MM. Dévillette et Borderel trop radicale, les membres de la Commission pourront peut-être s'entendre sur la proposition transactionnelle suivante :

« Considérant les mauvais résultats obtenus par l'application des décrets du 10 août 1899, la Commission estime que c'est plutôt par des dispositions plus libérales que par de nouvelles réglementations, qu'on peut espérer l'amélioration des adjudications, au point de vue de l'intérêt public d'abord, et aussi du monde des travailleurs, ouvriers comme patrons;

« Et par ces motifs repousse les vœux présentés par M. Keufer.

« Signé : Honoré, Monduit, Julien Potin. »

M. Honoré justifie cette proposition par des considérations d'ordre moral. L'honnêteté est une; l'adjudicataire honnête avec l'Administration, le sera avec ses ouvriers et le sera aussi pour ses fournitures. Si, par une réglementation compliquée, on n'éloignait pas des adjudications les entrepreneurs honnêtes, la chose publique serait bien servie. Il faut relever la moralité des transactions ; et, au-dessus du gendarme, il y a la force morale qui lui est bien supérieure et par laquelle peut efficacement s'améliorer la condition de l'ouvrier.

M. Dévillette tient à faire remarquer que sa proposition constituait plutôt une protestation contre les conditions arbitraires dans lesquelles les tableaux de salaires étaient établis par l'Administration, que contre les décrets eux-mêmes.

La manière dont les décrets ont été appliqués, a eu trop souvent pour effet d'éloigner des adjudications les entrepreneurs sérieux et de laisser la place à d'autres, moins scrupuleux, qui souscrivent d'autant plus aux conditions exigées qu'ils sont bien décidés à ne pas s'y soumettre.

Dans un but de conciliation, MM. Dévillette et Borderel retirent leur proposition et se rallient à celle de MM. Honoré, Monduit et Potin.

Par 6 voix contre 5, cette dernière proposition est adoptée, et M. Honoré en est nommé rapporteur.

La prochaine séance est fixée au lundi 11 mai. Ordre du jour : contrat individuel de travail.

La séance est levée à 3 heures 45.

SÉANCE DU 6 JUILLET 1908.

....

La Commission décide que le rapport rédigé par M. Honoré sur la modification des décrets du 10 août 1899 concernant les adjudications des travaux de l'État, des départements et des communes sera soumis aux prochaines délibérations du Conseil supérieur du travail ; l'Administration est invitée à annexer à ce rapport tous les textes et documents qui y sont relatifs.

ANNEXE A.

Nous joindrons ici comme annexe deux décisions judiciaires, l'une du conseil des prud'hommes de la Seine, (25 janvier 1904), l'autre de la Cour de cassation, (17 juillet 1906), qui, bien que concluant l'une en faveur de l'ouvrier demandeur dans un cas, l'autre contre lui dans un autre cas, — ont une base commune à retenir, savoir : la distinction entre l'apprenti et l'auxiliaire.

Les décrets concernent les auxiliaires. Les apprentis sont régis par une loi spéciale et tout ce qui les concerne doit être spécialement défini.

CONSEIL DE PRUD'HOMMES DE LA SEINE.

(MÉTAUX ET INDUSTRIES DIVERSES.)

(Jugement du 25 janvier 1904.)

A l'audience de ce jour, lundi 25 janvier 1904, les parties présentes à la barre, le sieur Troisvallets expose que sa fille Pauline est entrée dans la maison ou du moins dans la Société dite «Maison Bréguet», qu'elle n'a jamais été payée au taux fixé par le cahier des charges, accepté par la Société, pour les travaux exécutés pour le compte du Ministère du Commerce, taux fixé pour les femmes à 0 fr. 35 de l'heure, et que sa fille n'a jamais touché que 0 fr. 20 de l'heure ; il réclame donc à la Société dite «Maison Bréguet» : 1° 30 fr. 45 pour salaires ; 2° celle de 226 fr. 65 pour 1,511 heures pour supplément du salaire inscrit dans le cahier des charges entrepris par la Société dite «Maison Bréguet» pour le compte du Ministère du Commerce, heures faites par sa fille mineure ; il conclut donc à ce qu'il plaise au Tribunal de condamner ladite Société à lui payer lesdites sommes et en outre aux dépens ;

Le sieur Sciama, directeur de ladite Société, déclare que la demoiselle Pauline Troisvallets n'est pas entrée dans la Société comme ouvrière, mais comme apprentie, et qu'en cette qualité elle était payée 0 fr. 20 de l'heure ; qu'elle aurait été augmentée progressivement ; reconnaît qu'il n'y a pas eu de durée fixée pour l'apprentissage, ni de contrat, qu'ils n'en font jamais avec leurs apprentis ; reconnaît devoir la somme de 30 fr. 45 pour salaires de la demoiselle Troisvallets, mais rien de plus ; il conclut à ce qu'il plaise au Tribunal de débouter le sieur Troisvallets père du surplus de sa réclamation et le condamner aux dépens.

Point de droit : 1° Doit-on adjuger au demandeur les conclusions par lui prises à la barre ? 2° Que doit-on statuer en ce qui concerne les conclusions du défendeur ? 3° *Quid* des dépens ?

Le bureau général,

Après avoir entendu les parties en leurs dires, observations et conclusions et après en avoir délibéré conformément à la loi ;

Attendu que la somme de 30 fr. 45 réclamée pour salaires de la demoiselle Pauline est reconnue ce jour à la barre par le sieur Sciama, il y a donc lieu d'y faire droit ;

Attendu que la demoiselle Pauline Troisvallets ne peut être considérée comme apprentie ; que d'ailleurs il est reconnu ce jour à la barre par le sieur Sciama, directeur de la Société, qu'il n'y a eu ni contrat de signé, ni durée d'apprentissage fixée ; que par conséquent, il n'y a pas d'apprentissage ;

Considérant que c'est à tort que la Société dite «Maison Bréguet» n'a payé la demoiselle Pauline Troisvallets que 0 fr. 20 de l'heure ; qu'en agissant ainsi, elle a violé les contrats passés entre elle et le Ministère du Commerce ; que, par conséquent, il y a lieu d'ordonner le payement à la demoiselle Troisvallets de 0 fr. 15 de l'heure, pour le temps qu'elle a passé dans la Société ;

Attendu que le nombre d'heures réclamées par la demoiselle Pauline Troisvallets est exagéré ; qu'il ne lui est dû que 1,041 heures, soit à 0 fr. 15 l'une, la somme de 156 fr. 15 ;

Par ces motifs :

Le bureau général, jugeant en premier ressort, condamne la Société dite «Maison Bréguet» à payer au sieur Troisvallets pour sa fille Pauline, mineure, la somme de : 1° 30 fr. 45 qu'il lui doit pour salaires ; 2° Celle de 156 fr. 15 pour retenue illégalement faite sur salaires à l'heure, la condamne, en outre, aux intérêts desdites sommes et aux dépens.

COUR DE CASSATION.

CHAMBRE CIVILE.

(Arrêt du 17 juillet 1906.)

La Cour,

Ouï M. le conseiller Fabreguettes en son rapport, Me Coutard, avocat du demandeur, en ses observations, et M. l'avocat général Mérillon en ses conclusions, et après en avoir délibéré en la chambre du conseil ;

Statuant par défaut à l'égard du défenseur ;

Sur le moyen unique pris dans ses deux branches ;

Attendu qu'en imposant à Ymonet, adjudicataire de la fourniture des balances pour le service des Postes et Télégraphes, l'obligation de payer aux ouvriers 0 fr. 80 et aux auxiliaires 0 fr. 65 de l'heure, le cahier des charges de l'adjudication, dressé par le Ministère du Commerce, ne lui interdit pas de prendre des apprentis et ne fixe pas le salaire de ceux-ci ;

Attendu qu'après avoir constaté «que Clarot n'établit pas avoir fait trois ans d'apprentissage spécial», le jugement attaqué déclare souverainement qu'il ne peut réclamer la qualité d'auxiliaire ;

Attendu qu'en rejetant la demande dans ces circonstances le Tribunal a donné des motifs qui suffisent pour justifier sa décision ;

Par ces motifs,

Rejette le pourvoi...

ANNEXE B.

Nous donnerons ci-dessous les dispositions insérées dans les cahiers des charges des marchés de travaux passés pour le compte de la ville de Paris, qui sont de nature à éclairer la question dont nous nous occupons.

On remplace aujourd'hui l'ancienne rédaction A par la rédaction B, parce que la pratique des chantiers avait fait une nécessité d'agir suivant la rédaction la plus libérale comme seule conforme à ce qui est utile.

Exemple pris sur le fait d'une modification dans le sens de l'ordre du jour voté en commission.

On trouvera, en outre, dans l'annexe B, deux décisions judiciaires, l'une du Conseil de préfecture de Moulins, l'autre de la Cour de cassation.

Cette dernière surtout fixe un point de droit important en ce qui touche l'exécution des décrets de 1899.

Dispositions insérées dans les cahiers des charges des marchés de travaux passés pour le compte de la ville de Paris.

....

16° A. *Payement des salaires.* — Les salaires des ouvriers seront payés sur les chantiers ou dans leur voisinage.

16° B. *Payement des salaires.* — Les salaires des ouvriers seront payés sur les chantiers ou dans leur voisinage lorsque l'Ingénieur estimera que leur importance le justifie.

17° A. *Surveillance des payes.* — Un agent de contrôle des travaux assistera à la paye des ouvriers pour recevoir, s'il y a lieu, leurs réclamations, lesquelles seront transmises à l'Administration qui en examinera le bien fondé.

17° B. Un agent de l'Administration assistera à la paye des ouvriers toutes les fois que l'ingénieur le jugera utile. Cet agent recevra, s'il y a lieu, leurs réclamations et les transmettra pour examen à l'Administration.

18° *Communications des feuilles de paye.* — L'entrepreneur devra, à toute réquisition, communiquer à l'ingénieur ou à son délégué les feuilles de paye des ouvriers, indiquant pour chacun d'eux les heures de travail qui lui sont attribuées, ainsi que le salaire payé.

CONSEIL DE PRÉFECTURE DE MOULINS.

(Arrêté du 11 mai 1904.)

Ouï à l'audience du 12 mai dernier :

M. Trimoulier, vice-président, en son rapport ; en leurs explications orales, Mᵉ Régnier, avocat, pour la ville de Vichy, Mᵉ Aubois, avocat, pour le sieur Balitrand ; M. le Commissaire du Gouvernement en ses conclusions ;

Vu la loi du 28 pluviôse an VIII, celle du 22 juillet 1889, le décret du 10 août 1899 ;

Après en avoir délibéré, conformément à la loi ;

Considérant que l'article 4 du décret du 10 août 1899, auquel se réfère l'article 79 du cahier des charges de la ville de Vichy, donne aux communes qui constatent une différence entre le salaire courant et le salaire effectivement payé aux ouvriers, le droit d'indemniser directement les ouvriers lésés, au moyen de retenues sur les sommes dues à l'entrepreneur et sur son cautionnement (1) ; que, dans le cas de contestation de la part de l'entrepreneur, l'exercice de ce droit par la commune amène nécessairement celui-ci à demander aux tribunaux compétents la solution du litige ; qu'ainsi, dans une instance de ce genre, la commune ne peut être que défenderesse ; qu'elle n'a, au contraire, aucun intérêt à introduire une action contre l'entrepreneur ; que c'est actuellement le cas de la ville de Vichy, à laquelle il doit être fait application

(1) L'article 4 du décret du 10 août 1899 est ainsi conçu : «Lorsqu'une clause relative au salaire courant aura été insérée dans le cahier des charges, ledit cahier stipulera que l'Administration, si elle constate une différence entre ce salaire courant et le salaire effectivement payé aux ouvriers, indemnisera directement les ouvriers lésés au moyen de retenues sur les sommes dues à l'entrepreneur et sur son cautionnement.»

du principe de droit suivant lequel l'intérêt est la raison des actions; qu'ainsi le Conseil ne saurait examiner au fond la demande qui lui est soumise par la ville;

Par ces motifs, statuant contradictoirement,

Arrête :

La demande formée par la ville de Vichy contre le sieur Balitrand est irrecevable, pour défaut d'intérêt.

COUR DE CASSATION.

(CHAMBRE CIVILE.)

(Arrêt du 25 mars 1908.)

La Cour,

Ouï M. le conseiller Dupont, en son rapport, et M. l'avocat Melcot, en ses conclusions;

Sur le premier moyen :

Attendu qu'aux termes de l'article 1er du décret du 10 août 1899 les entrepreneurs de marchés de travaux publics passés au nom d'une commune peuvent être, par le cahier des charges, contraints de payer aux ouvriers un salaire normal égal au taux couramment appliqué dans la ville ou la région où le travail est exécuté;

Attendu que Le Noin, ouvrier travaillant pour le compte de Briard, adjudicataire de travaux publics entrepris pour la Ville de Paris, soutenait qu'en vertu du cahier des charges réglementant ladite adjudication, il avait droit pour le travail de nuit, à un salaire calculé à raison de 1 fr. 20 par heure;

Attendu que le jugement attaqué, sans rechercher quel était le salaire fixé par le cahier des charges, déclare que les parties avaient, d'un commun accord, réglé le salaire de Le Noin, même pour la nuit, à raison de 0 fr. 60 l'heure; qu'il constate que cette convention a reçu son exécution et que, pour les deux premières semaines d'avril 1907, Le Noin avait accepté sans protestation un salaire calculé sur ce taux;

Attendu qu'aucun texte de loi ne prohibe sous peine de nullité une convention de cette nature et que le décret du 10 août 1899 se borne à organiser dans son article 4 un système destiné à indemniser, s'il y a lieu, l'ouvrier qui se trouverait lésé; d'où il suit qu'en validant ladite convention et en la prenant pour base de l'évaluation du salaire dû à Le Noin, le jugement attaqué n'a violé aucune des dispositions légales invoquées par le pourvoi;

Sur le second moyen :

Attendu que par le second moyen le pourvoi reproche au jugement d'avoir, en n'accordant à Le Noin, pour les trois nuits des 16, 17 et 18 avril 1907 que de simples frais de déplacement, méconnu un usage qui lui aurait donné droit à un salaire de 10 heures par nuit;

Mais attendu qu'en supposant que le jugement ait commis l'erreur indiquée par le pourvoi, cette erreur, portant sur un usage, ne saurait donner ouverture à cassation;

Par ces motifs,

Rejette le pourvoi, formé contre le jugement rendu le 2 novembre 1907 par le tribunal de la Seine.

ANNEXE C.

Nous donnons ici un spécimen de procès-verbal de visite des chantiers de la ville de Paris, par un agent du service technique, pour montrer comment il se fait que les recours judiciaires y sont pour ainsi dire sans exemple. Chaque plainte, étant d'abord l'objet d'un procès-verbal de cette nature, est solutionnée entre l'ouvrier et l'entrepreneur sur l'intervention du service technique. Et la crainte de l'application de l'article 5, tel qu'il est rédigé aux décrets actuels, suffit pour que l'entrepreneur obtempère à toute juste plainte sanctionnée par le service technique.

Ceci démontre, en outre, qu'en considérant l'article 5 comme la meilleure sanction de l'exécution loyale des marchés, nous sommes dans le vrai et qu'une modification de rédaction tendant à le rendre plus rigoureux, loin de le renforcer, ne pourrait que l'affaiblir en diminuant la possibilité pratique de son application.

PRÉFECTURE DE LA SEINE.	RÉPUBLIQUE FRANÇAISE.
	Liberté. — Égalité. — Fraternité.
Direction administrative des Travaux de Paris.	Service technique d
CONDITIONS DU TRAVAIL.	*M* .... *Entrepreneur.*
Exécution du décret du 10 août 1899.	Mois d .... 190...

PROCÈS-VERBAL DE VISITE DES CHANTIERS.

Le , nous, soussigné attaché au Service technique d .

Vu le décret du 10 août 1899 fixant les conditions du travail pour les chantiers communaux;

Vu le cahier des clauses et conditions générales imposées aux entrepreneurs des travaux des Ponts et Chaussées, en date du 16 février 1892, modifiées par l'arrêté ministériel du 30 septembre 1899;

Vu la lettre de M. le directeur administratif de la voie publique et des eaux et égoûts, en date du 8 février 1900,

Vu les devis et cahiers des charges de l'entreprise;

Avons procédé, en ce qui concerne dont M. , entrepreneur, a été déclaré adjudicataire le , aux vérifications que comporte l'exécution des prescriptions résultant des actes ci-dessus visés.

Travail direct pour le compte de l'entreprise.

Nous étant fait présenter les feuilles de paye de l'entreprise, nous avons constaté d'abord que ces feuilles comprennent un nombre total de ouvriers pour la journée du

Ayant interrogé au hasard de ceux présents, nous avons reconnu .

Durée de la journée normale. Journée de repos.

Les feuilles examinées s'appliquent à la période comprise entre le et le , soit à une durée totale de jours.

La durée maxima du travail a été de heures le et, sur le nombre total des jours compris dans la période, il y a eu jours de repos, les .

Emploi d'ouvriers à salaire inférieur au taux normal.

Sur le nombre total de ouvriers constaté sur les feuilles de l'entreprise, d'entre eux sont payés à un taux inférieur au salaire normal.

Salaires.

Les prix portés aux feuilles et constatés par les acquits sont les suivants :

Nationalités.

La feuille de paye pour la journée du . constatant, ainsi qu'il a été indiqué, la présence d'un nombre

total de ouvriers, nous avons invité l'entrepreneur à présenter le lendemain :

1° Pour les nationaux ou naturalisés, l'une des pièces suivantes : acte de naissance, livret d'ouvrier ou militaire, certificat de naturalisation ou d'option pour la nationalité française;

2° Pour les étrangers, un certificat d'admission à domicile.

Ces renseignements ayant été fournis le
nous avons constaté

Conclusions.

En résumé, nous pensons que M. , entrepreneur des travaux de , se trouve (1) en contravention aux dispositions prescrites par les devis et cahiers des charges de son entreprise, en ce qui concerne les conditions du travail sur les points suivants : et qu'il y a lieu, en conséquence, de lui

(1) Ou ne se trouve pas. — Dans ce cas, on bifferait tous les mots contraires à cette hypothèse.

Fait à Paris, le *190* .

L' DE LA ° SECTION.

Vu et présenté :

Paris, le *190* .

Vu et arrêté :

Paris, le *190* .

LE DIRECTEUR ADMINISTRATIF
DES TRAVAUX DE PARIS,

ANNEXE D.

CIRCULAIRE MINISTÉRIELLE.

Paris, le 14 novembre 1899.

Monsieur le Préfet,

A la suite de la publication, au *Journal officiel*, du décret du 10 août 1899 (1) relatif aux conditions du travail dans les marchés passés au nom de l'État, j'ai adressé aux différents services du Ministère du Commerce, de l'Industrie, des Postes et des Télégraphes une note relative aux conditions d'application des prescriptions nouvelles. La même note ayant, depuis, servi de réponse aux demandes d'interprétation qui m'ont été adressées par divers départements ministériels et ayant acquis ainsi une portée générale, je crois utile de vous en communiquer aujourd'hui les dispositions; ce sont les *Instructions générales* jointes à la présente circulaire.

Elles passent en revue successivement :

I. La nature des marchés visés par le décret du 10 août 1899, ainsi que les chantiers et ateliers auxquels il s'applique;

II. Les éléments divers à introduire dans les cahiers des charges;

III. Les procédés de constatation du taux des salaires et de la durée du travail, ainsi que les cas de revision des bordereaux constatant ce taux et cette durée;

IV. Les sanctions à prévoir.

Pour l'exécution du décret relatif aux travaux de l'État, les instructions portées sous les n°s II et III vous intéressent seules. Toutefois, pour l'application facultative des deux décrets relatifs aux départements, aux communes et aux établissements de bienfaisance, vous trouverez, sous les n°s I et IV, des commentaires qui vous permettront, je crois, de résoudre un certain nombre d'espèces particulières que le décret ne pouvait prévoir.

Pour faciliter la tâche qui incombera plus spécialement aux administrations préfectorales, il me paraît utile de compléter les instructions générales par quelques indications de pure pratique, sanctionnées déjà par l'expérience. Elles portent sur les modes qu'il conviendrait d'employer pour arriver le plus aisément à la constatation exacte, dans les bordereaux qui doivent être annexés aux cahiers des charges, du taux courant des salaires et de la durée normale du travail.

L'article 3 du décret indique tout d'abord que les constatations relatives au taux des salaires et à la durée du travail seront faites par les soins de l'administration intéressée.

En principe donc, le soin de dresser les bordereaux incombant à chacune des administrations en cause, votre concours ne paraît nécessaire que si plusieurs administrations sont intéressées à l'établissement d'un bordereau unique, applicable aux travaux que chacune d'elles commande à une même industrie. C'est ce qu'indiquent les instructions générales. J'estime néanmoins que vous devrez prêter votre concours, dans la mesure du possible, toutes les fois qu'il sera sollicité, et surtout pour la constitution et le fonctionnement de commissions mixtes.

Les constatations auxquelles vous aurez à faire procéder devront, pour présenter toutes les garanties possibles d'exactitude et d'impartialité, être opérées avec le concours d'une commission administrative peu nombreuse, composée de personnes compétentes, indépendantes et désintéressées en l'espèce.

Cette commission administrative, qui dressera, sous votre contrôle, les bordereaux de constatation, sera donc choisie par vous entre les personnes, autres que patrons et ouvriers, ayant une connaissance spéciale des différentes professions dont vous aurez à constater les salaires sur un même bordereau. Elle comprendra notamment, ainsi que le portent les instructions générales, les représentants qualifiés des admi-

(1) On trouvera le texte du décret relatif aux travaux exécutés pour le compte de l'État dans la note de M. Keufer, page 4.

nistrations qui sont appelées à faire exécuter des travaux similaires. Cela est indispensable pour que le bordereau puisse être, avec autorité, annexé aux cahiers des charges des travaux de ces administrations, sans nouvelle constatation, tant qu'une revision régulière ne sera pas intervenue.

Il arrivera en fait que, dans tous les départements, il y aura lieu de constituer, pour les travaux du bâtiment, une commission administrative analogue à celle des bâtiments civils, plusieurs administrations se trouvant toujours intéressées à l'établissement d'un bordereau unique relatif à ces travaux. En cette matière, les services intéressés seront ordinairement l'administration des Ponts et Chaussées, le Génie militaire, les architectes départementaux, les agents voyers, etc. Ce n'est au contraire qu'exceptionnellement, et suivant les besoins qui se produiront dans telle ou telle région, qu'il devra être procédé à la nomination d'autres commissions administratives.

Chaque commission administrative dressera, pour les différentes professions dont l'examen lui aura été confié, le bordereau constatant la durée du travail et le taux des salaires, soit à la journée, soit à l'heure, soit, s'il y a lieu, à la tâche, conformément aux distinctions des instructions générales.

Tout d'abord elle divisera ces professions en catégories bien déterminées, groupant ensemble pour la commodité de l'enquête toutes celles qui sont couramment exercées chez le même patron. Pour le bâtiment, par exemple, elle dressera un certain nombre de tableaux distincts : maçonnerie, terrassement, charpente, menuiserie, serrurerie, peinture et vitrerie, etc. Dans chacun de ces tableaux, chaque profession sera subdivisée en spécialités plus ou moins nombreuses, suivant le degré de division du travail dans la région.

La Commission administrative recherchera ensuite si des accords n'existent pas pour certaines professions entre syndicats patronaux et ouvriers de la localité ou de la région. Dans ce cas, elle vérifiera s'il s'agit d'accords effectifs engageant réellement un nombre assez important de patrons et d'ouvriers, et, s'il en est bien ainsi, son rôle se bornera à les consigner tels quels au bordereau de constatation. En fait, aucune fraude n'est à redouter lorsqu'on se trouve en présence d'accords conclus et appliqués antérieurement aux enquêtes; au contraire, il y aurait lieu d'examiner avec une toute particulière attention ceux qui ne présenteraient pas une telle garantie de sincérité. En outre, il ne serait pas admissible que la convention syndicale ne s'appliquât, pour telle ou telle profession déterminée, qu'aux travaux d'une destination spéciale, par exemple aux seuls travaux de l'État, à l'exclusion des travaux similaires destinés à d'autres clients s'il en existe. On ne saurait raisonnablement concevoir en un même lieu des prix courants différents pour des travaux identiques.

En l'absence de convention syndicale réglant le taux des salaires, il faudra procéder à une enquête dont les principaux éléments seront fournis à la commission par l'expérience personnelle de ses membres et par les renseignements qu'elle pourra se procurer : séries, prix pratiqués par les diverses administrations, prix recueillis par ses soins auprès des syndicats professionnels, conseils de prud'hommes, ingénieurs, architectes, etc., etc. Elle devra en outre provoquer dans chacune des professions intéressées l'avis de commissions mixtes, composées en nombre égal de patrons et d'ouvriers.

Le cadre de ces commissions mixtes correspondra aux différentes professions pour lesquelles ont été dressés en vue des enquêtes des tableaux distincts. S'il existait dans votre département des régions présentant, au point de vue des salaires ou du classement des spécialités, des différences notables et telles que les constatations relatives à ces diverses régions ne pussent être faites avec compétence par les mêmes personnes, il faudrait établir pour chacune une commission mixte.

Ces commissions ne devront pas être composées d'un trop grand nombre de personnes. Trois ou quatre patrons et autant d'ouvriers suffiront ordinairement à constater les salaires pour chaque profession. Leurs membres seront choisis parmi les conseillers prud'hommes de la profession, les présidents, secrétaires ou membres des syndicats patronaux et ouvriers ou, à défaut, parmi les personnes de la profession (ouvriers et patrons) connues comme honorables et compétentes. Elles seront invitées à délibérer soit à la préfecture, soit dans la localité la plus centrale de la région. Elles échangeront leurs observations sur le salaire courant pratiqué, et la durée normale du travail en usage dans leur profession et leur rôle se limitera à ces simples constatations de fait. Vous pourrez rappeler à leurs membres, mais sans intervenir autrement dans leurs délibérations, qu'ils n'ont pas en cette occasion à exposer de revendications, si intéressantes et si justifiées qu'elles puissent être.

Les patrons et les ouvriers des commissions mixtes, chargés de constater un même état de fait, devraient toujours aboutir à des constatations identiques. Si cependant il en était autrement, patrons et ouvriers consigneraient séparément leurs dires au procès-verbal de la séance. Sur le vu de ce procès-verbal et s'aidant en outre des renseignements fournis par ses propres membres ou par toute enquête complémentaire qu'elle jugera utile, la Commission administrative dressera le bordereau détaillé des salaires courants et des durées habituelles du travail journalier pour chacune des professions en cause.

Vous trouverez ci-dessous un tableau présentant à titre d'exemple le mode pratique suivant lequel pourraient être réunis les renseignements divers qui permettront d'établir les bordereaux de constatation.

Ce tableau se rapporte, pour la région de Paris, à l'une des professions du bâtiment et à ses diverses spécialités. Il ne vous est fourni qu'à titre d'exemple, la profession considérée pouvant présenter dans votre département un tout autre groupement de spécialités.

MAÇONNERIE.

1° Taux des salaires.

SPÉCIALITÉ.	PRIX résultant d'accords intervenus entre syndicats patronaux et ouvriers.	PRIX inscrits aux diverses séries en usage dans la région.	PRIX pratiqués par telle ou telle administration.	PRIX résultant d'autres sources de renseignements.	PRIX constatés par les Commissions mixtes.			PRIX déterminés par la Commission administrative. (*A inscrire au bordereau.*)
					Accords des patrons et des ouvriers.	Dires spéciaux des patrons.	Dires spéciaux des ouvriers.	
Tailleur de pierres..		(*Autant de colonnes que de séries.*)	(*Autant de colonnes que d'administrations diverses.*)	(*Plusieurs colonnes au besoin.*)				
Poseur............								
Contre-poseur......								
Ficheur..........								
Pinceur...........								
Bardeur...........								
Maçon.............								
Limousin..........								
Garçon maçon ou limousin.........								
Briquetier.........								
Garçon briquetier...								
Carreleur..........								
Garçon carreleur....								

2° Durée du Travail.

(Mêmes constatations que ci-dessus avec, s'il y a lieu, la différence entre l'été et l'hiver.)

Les bordereaux dressés dans ces conditions présenteront toutes les garanties possibles d'exactitude et ils conserveront une valeur de constatation indépendante de l'adjudication particulière en vue de laquelle ils auront été faits. Ils devront être annexés tels quels aux cahiers des charges de tous travaux similaires, et il n'y aurait lieu d'en établir de nouveaux, sauf le cas de revision, que pour les professions sur lesquelles les enquêtes primitives n'auraient pas porté.

En fait, dès que vous aurez dressé le bordereau des diverses professions du bâtiment et, éventuellement, quelques bordereaux correspondant à des industries qui donneraient lieu dans votre département à des adjudications fréquentes de l'État, l'application du décret ne nécessitera plus que quelques rares et faciles interventions des commissions.

Ces interventions se produiront en particulier lorsque des réclamations sérieuses et concordantes vous feront craindre que les constatations primitives ne correspondent plus au salaire courant et à la durée normale du travail. Vous auriez alors à provoquer, dans les mêmes formes que ci-dessus, la revision des bordereaux.

Les explications qui précèdent vous permettront de résoudre les principales espèces qui viendraient à se présenter. L'établissement des bordereaux se réduit en somme à une série d'opérations extrêmement simples, aboutissant à la constatation d'un état de fait. Les enquêtes, assez fréquentes au début et qui deviendront de plus en plus rares à mesure que s'étendront les constatations déjà faites, vous seront, je l'espère, facilitées par le concours de tous.

Ce concours ne saurait vous faire défaut dans une œuvre qui présente un caractère d'intérêt social bien évident et dont l'un des principaux avantages sera d'établir sur tout le territoire un cours des salaires susceptible de rendre aux intéressés les mêmes services que rendent déjà pour des transactions loyales les cours officiels des marchandises ou des valeurs.

Recevez, Monsieur le Préfet, l'assurance de ma considération la plus distinguée.

Le Ministre du Commerce, de l'Industrie, des Postes et des Télégraphes,
A. MILLERAND.

INSTRUCTIONS GÉNÉRALES

relatives à l'application du décret du 10 août 1899 sur les conditions du travail dans les marchés passés au nom de l'État.

Le décret du 10 août 1899 relatif aux conditions du travail dans les marchés passés au nom de l'État a été déjà, de la part de différents départements ministériels, l'objet d'interprétations motivées par des espèces particulières. Il semble dès lors utile d'en fixer, avec quelque détail, la portée ainsi que le champ d'application dans une note de principe : celle-ci servira de réponse aux diverses demandes d'avis qui ont été adressées au Ministère du commerce.

La présente note passera en revue :

1° La nature des marchés visés par le décret du 10 août 1899, ainsi que les chantiers ou ateliers auxquels il s'applique ;

2° Les éléments divers à introduire dans les cahiers des charges ;

3° Les procédés de constatation du taux des salaires et de la durée du travail, ainsi que les cas de revision des bordereaux constatant ce taux et cette durée ;

4° Les sanctions à prévoir.

I. — Nature des marchés visés par le décret ; chantiers ou ateliers auxquels il s'applique.

Les deux conditions ci-après sont exigées à la fois par l'article 1er du décret, pour que l'entrepreneur soit astreint à l'établissement des clauses relatives à la main-d'œuvre :

1° Il faut qu'il s'agisse « d'un marché de travaux publics ou de fournitures, passé au nom de l'État » ;

2° Il faut, en outre, que les « chantiers ou ateliers soient organisés ou fonctionnent en vue de l'exécution du marché ».

La coexistence de ces deux conditions entraîne des conséquences importantes : 1° relativement à la nature des travaux et fournitures visés par le décret ; 2° relativement aux lieux de travail ou de fabrication atteints par lui.

Et d'abord, sont soumis aux dispositions du décret tous les travaux effectués pour le compte de l'État, toutes les fournitures exécutées spécialement pour lui, en vue des marchés conclus avec lui, et telles qu'en raison de leur nature ou de leur quantité, il n'y ait pas à prévoir pour elles d'autre acquéreur normal et régulier que l'État. On pourrait citer comme appartenant à cette catégorie une fourniture de drap de troupes ou d'uniformes pour les agents d'une grande administration comme les Postes et Télégraphes. Sont au contraire presque toujours fournitures courantes, non soumises aux dispositions du décret, les charbons, farines, chaux, toiles ordinaires, etc.

La définition des lieux de fabrication visés à l'article 1er vient tout d'abord appuyer l'interprétation donnée pour les fournitures : les fournitures courantes, très souvent prêtes à l'avance, emmagasinées, et, dans tous les cas, destinées à la consommation publique, ne sauraient être considérées en fait comme fabriquées dans des chantiers ou ateliers organisés ou fonctionnant en vue de l'exécution d'un marché de l'État.

Mais il faut préciser, pour la pratique, la définition de ces lieux de fabrication. La lecture du texte, en même temps que les nécessités de fait, indiquent qu'il s'agit de tous chantiers ou ateliers fabriquant au compte de l'État, sauf ceux qui le font d'une manière restreinte, exceptionnelle et irrégulière, rendant toute stipulation vaine. Pour donner une règle d'application courante, et toutes réserves faites sur les cas d'espèce, l'un des départements ministériels intéressés a interprété par une caractéristique nette les termes de l'article 1er; il a visé les ateliers fonctionnant principalement en vue de l'exécution du marché. Il est toutefois bien entendu que l'expression «atelier» désigne strictement, non point l'ensemble d'un établissement industriel : usine, manufacture, fabrique, mais tout groupement d'ouvriers distinct qui fonctionne principalement en vue de l'exécution du marché.

C'est au Ministre spécialement intéressé qu'il appartiendra, sauf les recours de droit, de trancher par des décisions d'espèces les cas particuliers dont l'interprétation pourrait soulever un doute.

La doctrine qui vient d'être exposée ressort nettement du texte des décrets; elle ressort aussi du commentaire d'un projet de loi auquel le Gouvernement s'est ouvertement rallié, et qu'il a expressément accepté devant la Chambre des députés, comme base des décrets à intervenir. A ce titre donc, il est intéressant de citer le rapport sur les conditions du travail fait par M. Pierre Baudin, député, notamment dans la partie où se trouvent commentés les articles 1 et 7 du projet présenté par la Commission du travail (Chambre des députés, session 1899, n° 776). L'article 1er du projet de loi est très général et ne précise ni la nature des travaux ni leur mode d'exécution, mais l'article 7 vient compléter son véritable sens, qui est bien exactement celui auquel se sont arrêtés les rédacteurs du décret du 10 août.

Voici le commentaire du rapporteur de la Chambre (1) :

«Veut-on rechercher la nature de la main-d'œuvre incorporée depuis l'extraction ou la récolte des matières premières dans toutes fournitures faites à l'État? Veut-on rechercher, par exemple, à propos de la construction d'un navire, les salaires des ouvriers qui ont fabriqué l'acier, la fonte, le cuivre; qui ont extrait le minerai, la houille; qui ont façonné les mille produits usuels dont s'approvisionne tout constructeur? Non. Veut-on atteindre les marchands de produits usuels admis à soumissionner pour des fournitures que l'industrie privée fabrique pour le marché courant? En aucune façon, et c'est avec raison que les Ministres consultés ont fait ressortir l'impossibilité certaine où ils se trouveraient de faire appliquer la loi, si elle devait avoir une portée aussi étendue. Le projet vise uniquement les travaux d'appropriation, les fabrications spéciales, les constructions exécutées expressément à la demande de l'État, pour lui, sur ses indications, et non pas pour le marché courant. Alors ce sont des entrepreneurs, des fabricants, des travaux que l'on a en vue et non point des marchands, ni des fournitures usuelles.

....

«Mais, dira-t-on, la distinction est-elle si nette? Oui, et souvent déjà elle est indiquée dans les cahiers des charges. Voici, par exemple, les draps de troupes. Les marchands ne sont point admis à soumissionner les grands marchés. Il faut être pour cela fabricant de drap et en fournir la preuve. De plus, le cahier des charges énumère un certain nombre de conditions imposées à la fabrication du drap de troupes, qui en font une fabrication toute spéciale. Faut-il aussi être filateur? Non, le cahier des charges ne l'exige point. Eh bien, s'il en est ainsi, la présente loi s'appliquera aux travaux de transformation des laines filées en drap de troupes, et non à la filature des laines.

«C'est ainsi que la Résolution de 1891 est comprise en Angleterre et voici un extrait typique de la déposition de M. John Taylor, inspecteur en chef des travaux publics (senior surveyor on the Office of Works), chargé spécialement du district de Londres :

«L'adjudicataire d'un bâtiment à Londres commande sa «charpente à une usine de province; c'est alors une sous-entreprise qui est soumise à l'autorisation et le sous-traitant doit «se conformer à la Résolution. Mais, s'il s'agit de matériaux «qu'on trouve couramment dans le commerce, il peut «les acheter où il veut, l'Administration n'intervient «pas.

«Pour les briques et les pierres, elle indique le lieu de «fabrication ou d'origine, uniquement pour spécifier les qualités requises, etc.

«C'est-à-dire que le fabricant de ces briques et l'extracteur de ces pierres ne sont point visés par la Résolution.»

Les renseignements d'origine britannique qui terminent cette citation sont ici d'autant mieux à leur place que c'est à la suite d'une longue étude de la pratique anglaise, — laquelle a paru excellente — que le Conseil supérieur du Travail a émis le vœu traduit depuis dans les décrets du 10 août. On voit nettement qu'il s'agit bien, conformément à l'interprétation donnée plus haut, de travaux que l'entrepreneur s'engage à exécuter, dont l'exécution par lui-même ou par les gens qu'il emploie, dirige, salarie, est explicitement ou implicitement stipulée au marché. Il s'agit de même de fournitures que le soumissionnaire s'engage à fabriquer, dont la fabrication par lui ou par les gens qu'il emploie, dirige, salarie, est prévue par le cahier des charges; il ne s'agit pas de produits et fournitures d'usage courant dont le marché ne comporte pas la fabrication spéciale, en vue du marché, par le soumissionnaire.

(1) Rapport P. Baudin, document n° 776, 7e législature, session de 1899, page 38.

II. — Éléments divers à introduire dans les cahiers des charges.

1° ASSURANCE D'UN JOUR DE REPOS PAR SEMAINE.

Afin de ne pas désorganiser les chantiers et de permettre au personnel surveillant de profiter lui-même de cet avantage, il est évidemment désirable que le même jour de repos soit stipulé pour tous les ouvriers ; il devra en être ainsi toutes les fois que la chose sera possible.

Ce jour de repos sera déterminé par les usages locaux.

2° EMPLOI DES OUVRIERS ÉTRANGERS.

Sauf dans les chantiers ou ateliers où, pour des raisons spéciales, telles que l'intérêt de la défense nationale, la main-d'œuvre étrangère est interdite, la proportion maximum des étrangers à admettre doit être fixée au cahier des charges. Exceptionnellement, et dans le cas où il serait tout à fait impossible à l'Administration intéressée ou au préfet de déterminer à l'avance cette proportion, notamment lorsque reste inconnue, jusqu'à l'adjudication, la région où le travail sera exécuté, on se bornera à insérer la clause générale de l'article 1er, § 2, telle qu'elle est rédigée au décret.

3° SALAIRE NORMAL.

Chaque profession doit elle comporter deux ou plusieurs catégories, « de manière que l'entrepreneur puisse classer ses ouvriers dans chacune d'elles, suivant leurs aptitudes professionnelles » ? Formulée avec cette généralité, l'interprétation permettrait, je le crains, d'établir des distinctions contraires à l'esprit du décret. Certes, il est bien conforme au décret de subdiviser chaque profession en autant de spécialités distinctes qu'en consacrent les usages locaux, et de prévoir pour chacune de ces spécialités un salaire différent, suivant ces mêmes usages. Il est naturel également et conforme à l'usage de distinguer dans certaines professions les ouvriers ou compagnons et les aides. Mais il serait contraire, par exemple, aux prescriptions du décret de prévoir des taux de salaires à la journée différents pour rétribuer, suivant leurs aptitudes professionnelles, des ouvriers employés à des travaux identiques. Qui serait juge en effet, sinon l'entrepreneur lui-même, de ces aptitudes professionnelles, et quelle garantie sérieuse resterait dès lors à l'ouvrier pour le payement du salaire normal et courant ?

La seule dérogation à ces règles précises est stipulée par l'article 3, dernier alinéa, pour les ouvriers que leurs aptitudes physiques mettent dans une condition d'infériorité notoire sur les ouvriers de la même catégorie.

En ce qui concerne le travail aux pièces, doit-on laisser toute liberté à l'entrepreneur, à condition que le salaire de l'ouvrier reste au moins égal au taux fixé à la journée pour sa catégorie ? Autrement dit, les bordereaux de salaires ne doivent-ils porter que des prix à l'heure ou à la journée ?

Il est incontestable que l'Administration ne saurait intervenir dans le mode de distribution du travail propre à chaque entreprise et annexer à chaque cahier des charges un bordereau visant tous les modes de rémunération qui se peuvent rationnellement concevoir. Mais, d'autre part, s'il existe des salaires aux pièces d'un usage courant dans une région, usage constaté dans les formes prévues à l'article 3, il serait contraire à la lettre et à l'esprit du décret de ne pas les inscrire aux bordereaux.

Dès lors, il paraît indispensable d'établir la distinction ci-après :

Lorsqu'il existe pour des travaux aux pièces un tarif bien défini et couramment usité dans la région, l'Administration devra inscrire ce tarif dans les bordereaux sous les garanties exigées par l'article 3. L'ouvrier n'aura point alors le droit d'exiger l'application d'un prix fixé à l'heure ou à la journée, puisque le prix de son travail aux pièces aura été établi dans les bordereaux suivant un tarif reconnu normal et courant.

Dans le cas contraire l'entrepreneur ou le fabricant restant libre d'ailleurs d'établir chez lui tel mode de rémunération du travail qui lui paraîtrait le plus convenable, le salaire moyennement gagné par un ouvrier en un temps donné ne devra pas être inférieur au salaire courant à l'heure ou à la journée, inscrit sur les bordereaux.

Que faut-il entendre, enfin, par la région où le travail est exécuté ?

Lorsque les travaux s'exécutent dans une ville assez importante pour qu'il y ait un salaire normal et courant des catégories d'ouvriers appelées à y coopérer, le décret dit expressément : salaire courant dans ladite ville. Mais, en dehors de ce cas, il emploie l'expression forcément vague de « région ». Ce ne sont donc pas seulement les communes où s'exécutent les travaux adjugés, mais aussi les communes voisines et, en général, toute la portion de territoire pour laquelle les conditions de travail sont identiques ou à peu près. Suivant les cas, et suivant l'importance des travaux, cette dénomination comprendra une ou plusieurs communes, un ou plusieurs cantons, un ou plusieurs arrondissements.

4° DURÉE DU TRAVAIL.

La durée normale et courante de la journée de travail variera dans les bordereaux suivant les saisons et suivant les professions, d'après les usages locaux.

III. — Procédés de constatation et de révision du taux des salaires et de la durée du travail.

Le paragraphe 1er de l'article 3 laisse à chaque administration le soin de constater et ultérieurement de vérifier le taux normal et courant du salaire, la durée normale et courante de la journée de travail, pour les travaux prévus dans les marchés qu'elle passe.

Pour les travaux qui, dans une région, donnent lieu à de fréquents et importants marchés de l'État, et en particulier pour les travaux du bâtiment, les terrassements et les travaux connexes, il serait long et inutile de faire une enquête spéciale à propos de chaque cahier des charges. Il sera prudent de faire dresser une série générale des salaires courants et des durées de travail habituelles, où seront expressément mentionnées toutes les professions intéressées à ces travaux. Cette série générale, révisable dans les formes mêmes où elle aura été établie, sera annexée à chaque cahier des charges.

Mais une difficulté surgit. Ces travaux, plusieurs administrations y sont intéressées. Chacune d'elles doit-elle procéder isolément? Aura-t-on, pour les salaires et heures de travail, autant de séries différentes qu'il y aura d'administrations intéressées? Il en est ainsi fréquemment, aujourd'hui, pour d'autres séries de prix qui servent de base aux devis de travaux. Mais ces séries de prix n'ont point la prétention de constater officiellement des cours : ce sont de simples indications pour les soumissionnaires. L'inconvénient du désaccord serait grand, au contraire, pour les bordereaux des salaires courants et des durées journalières de travail, qui doivent être respectés. En thèse générale, il sera d'une pratique aisée et sage de recourir à l'intermédiaire des préfets pour la confection des bordereaux relatifs aux travaux usuels, communément effectués par plusieurs administrations, d'autant plus que le préfet peut avoir à faire dresser de semblables bordereaux pour les travaux d'intérêt local.

Dans ces conditions, le préfet pourrait, après entente avec les principales administrations intéressées, nommer une commission administrative formée de leurs représentants. Pour chaque nature de travaux, une commission mixte comprenant un nombre égal de patrons et d'ouvriers, le plus souvent composée de conseillers prud'hommes et de représentants des syndicats professionnels, serait nommée par lui pour donner son avis sur les cours réellement pratiqués. La Commission administrative établirait le bordereau définitif en tenant compte de toutes les prescriptions de l'article 3. On établirait, d'ailleurs, dans un même département, autant de bordereaux qu'en comporterait la diversité des régions; il pourrait, en conséquence, être utile d'instituer plusieurs commissions mixtes siégeant en différentes localités pour une même profession.

Qu'arrivera-t-il pour la main-d'œuvre des travaux et fabrications non prévus sur les bordereaux généraux, travaux et fabrications qui ne sont pas couramment entrepris pour l'État dans une région déterminée?

Et d'abord, pourra-t-on alors joindre toujours le bordereau des salaires courants et des heures habituelles de travail au cahier des charges? Souvent, tant que n'est point proclamé le nom de l'adjudicataire du marché, on ignore en quel lieu s'effectueront les fabrications prévues au marché. Ou bien les travaux peuvent être très urgents et le temps manquer pour les constatations. D'autres circonstances encore peuvent se présenter.

Les rédacteurs du décret, qui ne pouvaient connaître à l'avance les incidents qui sont de nature à se produire au cours d'une adjudication, ont dû suspendre, devant les «cas d'impossibilité matérielle», l'obligation d'inscrire dans les cahiers des charges les bordereaux de constatation des salaires et de la durée du travail. Ne pouvant spécifier tous ces cas d'impossibilité, ils ont préféré n'en citer aucun.

Chaque administration devient donc juge des cas où cette exigence ne saurait être remplie, mais les termes mêmes du décret lui tracent une règle d'interprétation rigoureuse. L'exception introduite dans le décret ne saurait nullement avoir pour effet de transformer une règle précise en une simple faculté.

L'adjudication passée, des difficultés peuvent encore se présenter, qui retardent l'établissement des bordereaux. La plupart des administrations n'ont pas un personnel local leur permettant de faire rapidement des enquêtes détaillées pour des fabrications faites ici ou là exceptionnellement. Mais, en tout état de cause, que le bordereau ait été ou non annexé au cahier des charges, et avant même qu'il ait pu être dressé ou affiché, les entrepreneurs seront tenus aux obligations générales de l'article 2 dont les termes auront été reproduits au cahier des charges.

II. Révision des bordereaux.

Il est intéressant de rechercher quelles étaient sur ce point les idées de la Commission du travail de la Chambre des députés. Le Gouvernement a, en effet, transporté dans l'article 3 des décrets du 10 août le texte de l'article 5 du projet de la Commission auquel il avait adhéré. «Il faut éviter, dit le rapporteur, que la constatation administrative devienne une fixation administrative des salaires. Le droit à révision doit être ouvert en permanence, sous la réserve que les intéressés plaignants fournissent des preuves suffisantes de leurs dires à l'administration qui a établi le bordereau des cours.

«Si l'on prétend fixer les salaires pour toute la durée des travaux ou pour une durée déterminée à l'avance, qu'arrivera-t-il?

«Qu'est-il arrivé, à Paris, avec la série officielle des salaires? A plusieurs reprises, et notamment en 1877, l'Administration a insisté auprès des ouvriers, leur demandant de surseoir à toutes revendications relatives aux salaires jusqu'au renouvellement de la série. La série a cessé dès lors d'être une constatation pour devenir une tarification des salaires. Elle a perdu son efficacité, malheureusement, par suite de cette modification de son caractère.

«Il n'est pas possible, cependant, de prévoir que les bordereaux de salaires et des durées de travail puissent être remis en question et revisés sans cesse. L'Administration restera juge de l'importance et de la validité des réclamations et par conséquent maîtresse des révisions, sous réserve des recours de droit.

«Les modifications aux bordereaux primitifs pourront, mais seulement dans les limites prévues aux cahiers des charges, entraîner modification du marché conclu.»

IV. Sanctions à prévoir.

Ces sanctions sont inscrites aux articles 4 et 5 du décret.

Celles de l'article 5 n'ont besoin d'aucune explication, mais il est nécessaire d'insister sur les dispositions de l'article 4.

D'après cet article, si l'Administration constate une différence entre le salaire payé aux ouvriers et le salaire courant prévu au bordereau, elle indemnisera directement les ouvriers lésés au moyen de retenues opérées sur les sommes dues à l'entrepreneur et sur son cautionnement.

Cette disposition ne saurait avoir pour résultat de faire l'Administration juge des différends qui peuvent naître entre les ouvriers et l'entrepreneur ; c'est un rôle qu'elle ne peut assumer sans sortir de ses attributions.

Lorsque le fonctionnaire chargé de la direction des travaux sera saisi de la réclamation d'un ouvrier, au sujet de son salaire, il en préviendra l'entrepreneur. S'il est constaté que la réclamation porte exclusivement sur le non-payement du salaire courant à un ouvrier de profession parfaitement définie, ayant travaillé le temps normal ou exécuté les pièces définies au bordereau des salaires, et si, pour un motif quelconque, l'entrepreneur ne peut ou ne veut pas payer lui-même à l'ouvrier ce qui lui est dû d'après ledit bordereau, le directeur des travaux fera payer l'ouvrier directement.

S'il est constaté, au contraire, que la réclamation a un autre objet, qu'elle porte, par exemple, sur le nombre des heures de travail faites, sur la nature de ce travail, sur la catégorie professionnelle dans laquelle l'ouvrier a été rangé, etc., il renverra les parties devant qui de droit (conseil des prud'hommes, juges de paix, etc.) à fin de statuer. Les sommes mises à la charge de l'entrepreneur et que celui-ci se refuserait à payer seront également soldés à l'ouvrier par les soins de l'Administration.

Les sommes ainsi avancées seront retenues par voie de précompte sur les plus prochains mandats de l'entrepreneur.

Le Ministre du Commerce,
de l'Industrie, des Postes et des Télégraphes,

A. MILLERAND.

CIRCULAIRE MINISTÉRIELLE.

Paris, le 12 juillet 1908.

Monsieur le Préfet,

Les décrets du 10 août 1899 ont prévu, dans les cahiers des charges des marchés de travaux publics ou de fournitures passés au nom de l'État, des départements, des communes et des établissements publics, par adjudication ou de gré à gré, l'insertion de clauses stipulant certaines garanties au profit des salariés. En particulier, l'entrepreneur s'engage à payer aux ouvriers qu'il emploie à l'exécution du marché le salaire normal et courant des ouvriers de la profession dans la localité ou la région. L'insertion de ces clauses est obligatoire pour les marchés passés au nom de l'État; elle est facultative pour les marchés passés au nom des départements, des communes et des établissements publics.

La Cour de cassation, par un récent arrêt que vous trouverez annexé à la présente circulaire (1), vient de décider que, lorsque l'entrepreneur, même lié par un cahier des charges qui l'oblige à payer le salaire normal, a convenu avec le salarié le payement d'un salaire inférieur, «aucun texte de loi ne prohibe, sous peine de nullité, une convention de cette nature», et que «le décret du 10 août 1899 se borne à organiser, dans son article 4, un système destiné à indemniser, s'il y a lieu, l'ouvrier qui se trouverait lésé». J'ajoute que cette théorie corrobore les instructions générales données par mon département, et qui n'ont pas toujours été suivies par les administrations intéressées.

En vous signalant cet arrêt, avec les conséquences qu'il comporte, je vous demande de vous y conformer dans l'avenir, et de ne plus contraindre le salarié qui vous soumettra une réclamation portant sur le non payement du salaire normal à la faire valoir préalablement devant les tribunaux. Je vous rappelle, en effet, que vous êtes suffisamment armé pour mettre en œuvre une autre sanction que la sanction judiciaire. Toutes les fois que le salarié aura touché un salaire inférieur au salaire fixé par le cahier des charges, et que l'entrepreneur se refusera à lui régler la différence qui lui est due, vous payerez ou vous ferez payer au salarié cette différence, au moyen de retenues opérées sur les sommes dues à l'entrepreneur et sur son cautionnement. Ainsi que le rappelle la Cour de cassation, cette sanction administrative est celle que vous trouverez inscrite dans l'article 4 des décrets du 10 août 1889 (2).

(1) Voir le texte de l'arrêt de la Cour de cassation, page 36.

(2) Cet article 4 est conçu comme suit :

Art. 4. — Le cahier des charges stipulera que l'Administration, si elle constate une différence entre le salaire payé aux ouvriers et le salaire courant déterminé conformément à l'article précédent, indemnisera directement les ouvriers lésés au moyen de retenues opérées sur les sommes dues à l'entrepreneur et sur son cautionnement.

A titre de renseignement, je vous fais connaître les clauses insérées dans certains cahiers des charges de la Ville de Paris, pour faciliter le contrôle de l'Administration :

« 1° *Payement des salaires.* — Les salaires des ouvriers seront payés sur les chantiers ou dans leur voisinage, lorsque l'ingénieur estimera que leur importance le justifie;

« 2° Un agent de l'Administration assistera à la paye des ouvriers toutes les fois que l'ingénieur le jugera utile. Cet agent recevra, s'il y a lieu, leurs réclamations et les transmettra pour examen à l'Administration ;

« 3° *Communication des feuilles de paye.* — L'entrepreneur devra, à toute réquisition, communiquer à l'ingénieur ou à son délégué les feuilles de paye des ouvriers, indiquant pour chacun d'eux les heures de travail qui lui sont attribuées, ainsi que le salaire payé ».

Je vous prie de veiller personnellement à l'exécution de la présente circulaire et de la porter à la connaissance des municipalités et établissements publics de votre département qui ont décidé d'appliquer les décrets du 10 août 1899. Il ne se peut pas que ces actes, sur la foi desquels entrepreneurs et salariés s'obligent, demeurent vains pour les travailleurs et que les administrations leur refusent finalement la protection que ces décrets leur ont promise. Le haut intérêt social qui commande votre vigilance ne vous échappera pas, et, d'autre part, je tiendrai la main à ce que cet intérêt soit sauvegardé.

Le Ministre du Travail et de la Prévoyanse sociale,

René VIVIANI.

TABLE DES MATIÈRES.

Pages.

ANNEXES.

Imprimerie nationale. — 29-85-1908.

www.ingramcontent.com/pod-product-compliance
Ingram Content Group UK Ltd.
Pitfield, Milton Keynes, MK11 3LW, UK
UKHW020353250726
13967UKWH00005B/2269

9 782013 077675